UNIVERSITÉ DE FRANCE

FACULTÉ DE DROIT DE PARIS

DES FONTAINES PUBLIQUES

EN DROIT ROMAIN ET EN DROIT FRANÇAIS

THÈSE POUR LE DOCTORAT

PRÉSENTÉE ET SOUTENUE

Le mardi 21 juillet 1885, à 3 heures 1/2

PAR

Paul HOLTZAPFFEL

Président : M. Th. DUCROCQ, *professeur.*

Suffragants : MM. Colmet de Santerre, *professeur*; Esmein, Chavegrin, *agrégés.*

A. DERENNE

Camille LEBAS, Successeur

PARIS

52, Boulevard Saint-Michel, 52

1885

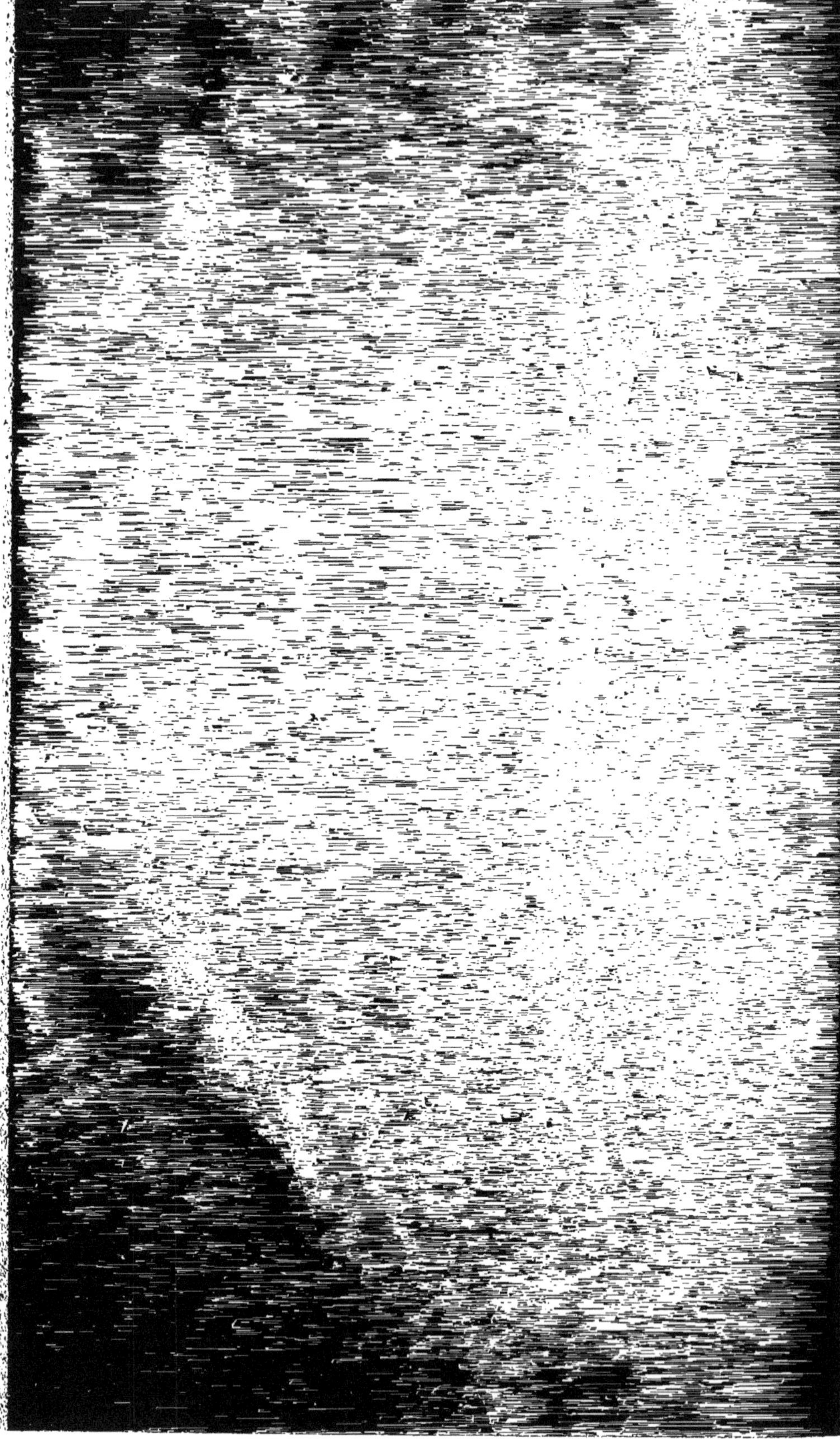

THÈSE

POUR

LE DOCTORAT

UNIVERSITÉ DE FRANCE

FACULTÉ DE DROIT DE PARIS

DES FONTAINES PUBLIQUES

EN DROIT ROMAIN ET EN DROIT FRANÇAIS

THÈSE POUR LE DOCTORAT

PRÉSENTÉE ET SOUTENUE

Le mardi 21 juillet 1885, à 3 heures 1/2

PAR

Paul HOLTZAPFFEL

Président : M. Th. DUCROCQ, *professeur*.

Suffragants : MM. Colmet de Santerre, *professeur*. Esmein, Chavegrin, *agrégés*.

A. DERENNE

Camille LEBAS, Successeur

PARIS

52, Boulevard Saint-Michel, 52

1885

DROIT ROMAIN

AVANT-PROPOS

Les capitales de l'Europe moderne pourraient envier à Rome l'abondance des eaux que l'administration mettait au service du peuple.

Des fontaines publiques coulaient nuit et jour sur les places et dans les carrefours, et des réservoirs constamment remplis étaient à la disposition des citoyens pour leurs usages domestiques ; on venait y puiser l'eau nécessaire aux besoins de la maison, y abreuver les bestiaux et les chevaux ; en cas d'incendie, ils rendaient les plus grands services.

Les aqueducs alimentaient aussi les établissements publics : palais, théâtres, cirques, casernes, bains, les propriétés du prince et les biens du domaine ; avec le surplus, on accordait des concessions particulières et le trop plein servait au nettoyage des égoûts.

Une administration importante était chargée d'assurer le service des eaux et des pénalités étaient édictées par les lois contre ceux qui dégradaient les aqueducs, troublaient ou occupaient sans droit les eaux destinées à l'usage de tous.

L'un des fonctionnaires placés à la tête de cette administration, à la fin du premier siècle de notre ère, nous a laissé un précieux commentaire *de aquæductibus urbis Romæ*, qu'il destinait à l'instruction de ses successeurs et qui nous fait connaître, avec quelque détail, l'historique et le mécanisme du service des eaux dans la capitale de l'empire. Julius Sextus Frontinus fut appelé par Nerva, après son deuxième consulat, l'an 851 de Rome (98 de J.-C.) à la charge de surintendant des eaux et aqueducs, ou de *curator aquarum*. Il composa son traité dans les premiers temps de ses fonctions, qu'il conserva jusqu'à sa mort (854 de R.), sous le règne de Trajan. C'est surtout à cet ouvrage que nous devons de connaître la partie du droit administratif romain dont nous allons traiter.

I. — Historique des fontaines publiques et aqueducs de Rome

A la fin du VIIIe siècle de Rome, la ville était pourvue de neuf aqueducs qui amenaient les eaux, Appia, Anio vetus, Marcia, Tepula, Julia, Virgo, Alsietana ou Augusta, Claudia et Anio novus ; mais il n'en avait pas toujours été ainsi, et, pendant quatre-cent-quarante-un ans, les habitants n'avaient connu d'autre eau potable que celle qu'ils puisaient, soit dans le Tibre, soit dans les puits privés, soit à quelques rares fontaines publiques, divinisées par l'imagination populaire, comme la fontaine de Juturne, sur le Forum, celle de Servitius, à l'entrée du Vicus Jugarius et celle de Mercure, près la porte Capène.

La ville s'étant agrandie avec la puissance des Romains, et étendue sur les collines éloignées du Tibre, les besoins aussi s'étant développés avec la prospérité, on reconnut la nécessité d'assurer aux habitants une alimentation plus abondante.

Il fallait d'ailleurs supprimer l'usage des eaux troubles du fleuve, souvent tièdes et malsaines et donner à la population, sans cesse croissante, un meilleur régime alimentaire.

L'an 441 de Rome, sous le consulat de Valerius Maximus et de P. Decius Mus, trente-un ans après le commencement de la guerre des Samnites, les censeurs Appius Claudius (plus tard surnommé Cœcus, celui qui avait construit la voie Appienne) et C. Fabius décidèrent l'édification du premier aqueduc. Fabius ayant découvert sur la voie Prénestine, entre le septième et le huitième milliaire, les veines de la source qu'il cherchait (1), son collègue Appius amena à Rome l'eau nouvelle, à laquelle il donna son nom. L'aqueduc qui conduisait l'eau Appia reçut plus tard une partie de l'eau Augusta et prit alors de leur mélange le surnom de Gemallæ.

En 481, Man. Curius Dentatus entreprit de dériver

1. Il en reçut le nom de Venox.

vers la ville l'eau de l'Anio, en consacrant à cet ouvrage le butin qu'il avait fait sur Pyrrhus ; les travaux ayant été interrompus pendant deux ans, le sénat, désireux de les voir achever, créa un duumvirat composé de Curius Dentatus et de Fulvius Flaccus ; ce dernier survécut à son collègue et termina son œuvre ; l'aqueduc prit le nom d'Anio Vetus, lorsqu'une nouvelle prise d'eau fut décidée sur les eaux de la même rivière.

Un siècle était à peine écoulé, que déjà les aqueducs des eaux Appia et Anio vetus tombaient en ruine ; la cause en était, tant au défaut d'entretien, qu'aux détériorations commises par les particuliers, soucieux de se procurer à peu de frais une eau abondante. En 608 environ, le Sénat désirant porter remède à cette situation chargea, Q. Marcius Rex, préteur pérégrin, de réparer ces édifices, de découvrir les fraudes et de commencer de nouveaux travaux. On lui confia huit millions quatre cents mille sesterces et on prorogea sa préture d'une année, pour lui permettre d'amener à Rome l'eau Marcia (1). Il la conduisit au Capitole, malgré la résistance des décurions qui s'opposaient à ses projets, en prétendant avoir lu dans les livres sibyllins que les eaux de l'Anio seules pouvaient entrer

1. Pline trompé par la similitude des noms d'Ancus Marcius, roi et de Q. Marcius, surnommé Rex, écrit (*hist. nat.* XXXI, 24) : « *Primus eam (aquam marciam) in urbem ducere auspicatus est Ancus Marcius, unus ex regibus. Postia Q. Marcius Rex in prætura. Rursus restituit M. Agrippa.* » Nous avons toute confiance dans la version que nous empruntons à Frontinus (n° 7.)

au Capitole ; le sénat consulté avait donné raison au préteur.

En 627 Cn. Servitius Cœpio et L. Cassius Longinus, dit Ravilla, censeurs, dirigèrent sur Rome l'eau Tepula qui avait sa source dans le fonds de Lucullus.

M. Agrippa, pendant son édilité (719 de R.), reconstruisit les aqueducs des sources Appia, Anio vetus et Marcia, édifia de nombreuses fontaines dans la ville et amena, par un canal séparé, mais voisin de l'aqueduc de la Tépula, l'eau Julia, qui coulait près de la voie latine. Le même Agrippa restitua aux Tusculans les eaux de la source Crabra, qui jusque là avait servi à augmenter le volume des eaux de la Julia, et défendit aux fontainiers de Rome de la revendiquer. — Treize ans après, il amena l'eau Virgo (1), tirée également du fonds de Lucullus, tandis qu'Auguste alimentait sa naumachie avec l'eau Alsiétina reconnue impropre à la boisson et qui venait du lac Alsiétin en Etrurie. Auguste conduisit aussi l'eau Augusta, dont la source était voisine de la Marcia.

De 789 à 803 furent commencés par Caligula et terminés par Claude deux aqueducs superposés, l'aqueduc inférieur, qui amenait l'eau des sources Cœrulea et Curtia, fut appelé Claudien ; l'autre, placé au-dessus, fut nommé nouvel Anio, pour le distinguer de l'ancien, construit par F. Flaccus ; les eaux se confondaient en entrant en ville.

Postérieurement à Frontin, Trajan, dans son cinquième

1. Pline, *hist. nat.* XXXI, 25.

consulat, conduisit à Rome l'eau Trajane, Alexandre-Sévère l'eau Alexandrine, et Valentinien l'eau Pincia.

A Constantinople, il exista trois aqueducs : celui d'Adrien, qui, sous Théodose le Jeune, dut fournir des eaux aux thermes et bains publics, et sous Justinien, au palais impérial, l'aqueduc de Valens est celui qui porte le nom de Justinien, malgré l'incertitude qui règne sur l'époque de sa construction.

II. — Système général de l'alimentation de Rome.

Lorque les eaux étaient pures, elles entraient directement et au sortir de la source dans l'aqueduc qui devait les amener jusqu'à Rome; sinon, elles passaient d'abord dans une piscine épuratoire, où elles déposaient leur limon. On réussissait à les débarrasser ainsi de la plupart de leurs impuretés; malgré cela, quelques-unes, et parmi elles le nouvel Anio, restaient troubles les jours de pluie.

Un seul aqueduc servait souvent à conduire les eaux de plusieurs sources voisines, mais on en évitait le mélange en les enfermant chacune dans un canal distinct; on superposait ces canaux dans un même massif de maçonnerie.

Le mode de construction des aqueducs a beaucoup varié selon les temps. Ce furent d'abord des canaux à section rectangulaire, que les anciens Romains préféraient enfouir sous terre pour empêcher l'ennemi de les découvrir et de les couper. Lorque ce danger parut moins à craindre, on édifia des aqueducs voûtés en plein cintre, en pierre ou en brique, les parois intérieurs en béton. Ils étaient assez élevés sur arcades pour pouvoir franchir les vallées, sans trop abaisser le niveau de l'eau, qu'ils conduisaient ainsi dans les quartiers les plus escarpés de la ville. Quelques-uns avaient une hauteur considérable. L'aqueduc Marcien, qui amenait l'eau au Capitole, avait des arcades qui atteignaient en plusieurs endroits 528 pieds au-dessus du sol ; aussi faisaient-ils l'admiration des étrangers et des Romains eux-mêmes. Frontin les préfère à ces inutiles pyramides d'Egypte et aux constructions trop vantées des Grecs. Selon Pline, le monde n'offrait pas de merveilles plus étonnantes que ces arcades gigantesques qui traversaient montagnes et vallons : « *Quod si*, nous dit-il, *quis diligentius æstimaverit aquarum abundantiam in publico, balnœis, piscinis, domibus, euripis, hortis, suburbanis, villis, spatia venientis, extructos arcus, montes perfossos convalles æquatas, fatebitur nihil magis mirandum fuisse in toto orbe terrarum.* » (*Hist. nat.*, XXXVI, 24.

Un homme à cheval, rapporte Cassiodore (Var. VII, 6, et VIII. 30), pouvait y passer debout et ses canaux ressemblaient à des fleuves dans leur lit naturel.

Nous pouvons en juger par les débris magnifiques qui nous en restent.

Les aqueducs amenaient l'eau à Rome à cinq hauteurs différentes ; le plus élevé était celui du nouvel Anio, puis ceux des sources Claudia, Julia, Tepula, Marcia, Anio vetus, Virgo, Appia et Alsiétina. La qualité des eaux n'était pas moins variable, l'eau Marcia était la meilleure, aussi était-elle réservée exclusivement à la boisson, celle du Vieil Anio ne pouvait servir qu'à l'arrosage des jardins, quant à celle qui venait du lac Alsiétane, elle n'était employée qu'à la naumachie d'Auguste.

Un million et demi de mètres cubes d'eau (1) affluait à Rome chaque jour, par les neuf aqueducs que nous avons cités ; cette eau se partageait entre les deux cent quarante-sept châteaux disséminés dans tous les quartiers de la ville et de ces *castella* partait la distribution générale de l'eau à cinq grandes catégories de services : les établissements publics, les *munera* (2), les *lacus* ou bassins publics et sans doute les fontaines des carrefours, les services *in nomine Cœsaris*, enfin les concessions particulières. A raison des fraudes et des déperditions, un peu plus de la moitié seulement de ce volume immense était porté sur les registres de distribution (3).

Aux *castella* étaient fixées des embouchures appelées *calices*. Primitivement ces embouchures étaient en plomb, mais on s'aperçut que les fontainiers les élargissaient à

1. Exactement 1483.300 mètres cubes, soit 24,805 quinaires romains, d'après l'évaluation de M. Rozat de Mandres : *Mémoire sur les aqueducs romains sous Nerva et Trajan.* (Annales des Ponts-et-Chaussées, 1858.)

2. On traduit généralement *munera* par spectacles. Frontin nous apprend que ce mot était employé par les raffinés, (*ut cultiores vocant*) à la place d'un autre plus vulgaire. Il y en avait trente-neuf dans les différents quartiers.

3. 14,018 quinaires (841.000 mètres cubes) d'après Frontin.

volonté, lorsqu'ils voulaient favoriser certains particuliers; on substitua alors le bronze au plomb. Les dimensions de leur orifice étaient rigoureusement déterminées par les règlements d'Auguste ; on leur adaptait des tuyaux en terre cuite ou plus généralement en plomb, malgré l'autorité de Columelle (*de re rusticâ. I.* 5.) et de Palladius (*de re rusticâ.* IX. 11.) qui déclarent le plomb dangereux, à cause de la céruse qu'il abandonne au frottement de l'eau. Ces conduites amenaient les eaux soit aux fontaines, soit aux édifices publics, soit chez les particuliers.

Les citoyens pouvaient faire construire, pour le service de leurs propriétés, un *castellum* privé où se réunissaient les eaux qui arrivaient du château public, avant de se distribuer dans les différentes parties de la maison et de ses dépendances. Il était prescrit à l'administrateur des eaux, d'indiquer aux citoyens les endroits où ils pourraient, soit à l'intérieur, soit en dehors de la ville, élever ces châteaux particuliers (sén. cons. cité par Frontin n° 106). Cet usage paraît avoir été suivi assez généralement.

Vitruve (VIII. 7) enseigne un moyen infaillible, selon lui, d'assurer l'exacte répartition des eaux et d'empêcher les fraudes ; il recommande de creuser aux portes de la ville, à l'issue des aqueducs, trois bassins alimentés séparément par des conduits débouchant d'un réservoir central, qui recevrait les eaux de l'aqueduc. L'un de ces bassins devait conduire l'eau aux fontaines, un autre aux bains publics, tandis que le troisième serait réservé aux concessions particulières. Les citoyens munis d'une autorisation établiraient leurs tuyaux à partir de ce bassin jusqu'à leur demeure ; on éviterait ainsi que l'eau pût être détournée des usages publics et le payement des redevances serait exactement assuré.

III. — DE LA CONSTRUCTION DES AQUEDUCS

1. — *Qui ordonne.* — Comme tous les travaux publics, la construction des aqueducs devait être ordonnée par un sénatus-consulte. Frontin nous rapporte plusieurs circonstances, où le sénat intervint pour décréter, soit l'établissement, soit la reconstruction d'un aqueduc. Il conserva son droit pendant les premières années de l'empire, comme nous le rapporte Tacite (ann. I. 79 et III. 72) ; mais ce ne fut pas pour longtemps, car le droit d'ordonner les travaux publics passa bientôt à l'empereur et lui fut réservé exclusivement (Loi 13. Cod. *de operibus publicis*). Tout ouvrage neuf devait avoir été l'objet d'une permission impériale ; il n'y avait d'exception que pour ceux qui n'engageaient en rien les finances de l'Etat et que les particuliers entreprenaient à leurs frais (loi 3. Dig. *de operib. pub.* ; loi 5 Code. *eod tit*). Il en est de même pour les travaux que les magistrats locaux pouvaient faire exécuter, soit de leurs propres deniers, soit avec le seul secours des finances de la cité ; leur droit de décision était absolu lorsqu'ils ne recevaient du Trésor aucune allocation. Quant à l'achèvement des ouvrages commencés et à la ré-

paration de ceux qui étaient ruinés, il n'y avait non plus aucune autorisation à solliciter ; chacun pouvait les exécuter librement (loi 5 Cod. *eod*).

2. — *Qui fait exécuter.*

L'autorisation supérieure accordée (dans les cas où on l'exigeait), quels étaient les magistrats chargés de présider à la construction des aqueducs ?

Si nous parcourons l'historique des aqueducs de Rome que nous a conservé Frontin, nous remarquerons que, sauf deux exceptions, ils ont tous été édifiés par les censeurs : l'eau Appia a été conduite par Appius Claudius, le vieil Anio par Curius Dentatus, l'eau Tepula par Servilius Cépion et Crassus Longinus, pendant l'année de leur censure respective. Cependant nous voyons Agrippa, pendant son édilité, élever les aqueducs destinés à l'eau Julia et à l'eau Vigo, réparer ceux de l'Appia, de l'Anio et de la Marcia ; l'exécution de ces grands travaux a conduit plusieurs interprètes à supposer entre les édiles et les censeurs un partage d'attributions. Nous croyons que la fondation des aqueducs sous Agrippa faisait partie, non des fonctions d'édile, mais de la *largitio ædilitatis* (1). Les Romains appelaient ainsi les largesses faites au peuple par les édiles sur leurs richesses personnelles, comme l'exécution d'un travail public, l'exécution d'un monument ou tout autre

1. V. *Mémoires sur l'édilité romaine*, par Labatut (ch. II).

ouvrage qu'ils élevaient à leurs frais, pour en faire hommage à leur cité (Dion, XLIX, 43).

Une seconde exception à la compétence des censeurs nous est rapportée par Frontin. En 608, le préteur pérégrin Marcius fut investi par le Sénat de pouvoirs étendus, pour amener à Rome l'eau qui prit son nom, réparer les canaux et rechercher les usurpations. Mais cette dérogation paraît avoir été toute personnelle ; les fonctions de Marcius ne passèrent point à ses successeurs, les préteurs, puisqu'en 627, elles étaient exercées par les censeurs en charge. Ces magistrats restèrent directeurs des travaux publics, comme nous le dit Cicéron (de Legibus III. 3), parlant de leurs attributions : *Urbis templa, vias, aquas, aerarium, vectigalia tuento.* Ce n'est qu'après le partage de l'Empire, que les travaux publics sont confiés, à Rome et à Constantinople, aux préfets de la ville, qui, sous le nom de *judices*, cumulent l'action et la juridiction contentieuse administratives.

Dans les provinces, c'étaient les *judices* (gouverneurs) qui avaient la charge des travaux publics, en même temps que le jugement des difficultés soulevées par leur exécution.

Des inspecteurs envoyés par l'empereur parcouraient les provinces pour surveiller l'administration des *judices* et faire leurs rapports sur l'état des monuments et des travaux publics ; la négligence et la vénalité des *judices* avaient nécessité la création de cette excellente institution. (Loi 2 Cod. Théod. *de operib. pub.* ; Tacite Ann. III 31). Ces tournées d'inspection furent supprimées par Justinien, qui ne reproduit pas la constitution de Théodose. Il ne faudrait pas attribuer cette abrogation à l'amélioration des mœurs publiques.

3. — *Du mode d'exécution*

Les travaux publics des Romains étaient ordinairement mis en adjudication ; par exception, ils pouvaient être exécutés par les condamnés *in opus publicum*.

Il était d'usage sous la République d'affermer les travaux, si minime que fût leur importance. On peut supposer que c'étaient les censeurs qui passaient les marchés avec les entrepreneurs, rédigeaient le cahier des charges et gardaient la haute surveillance des travaux.

Nous savons par Frontin que « le soin d'approuver les ouvrages exécutés était confié tantôt aux censeurs, tantôt aux édiles » (n° 98). Les censeurs et à leur défaut les édiles recevaient les travaux en fin d'ouvrage et donnaient, s'il y avait lieu, la *probatio*, qui comprenait sans doute le réglement des comptes (1).

Les travaux importants étaient effectués par les *redemptores* ou entrepreneurs, selon les clauses de leurs mar-

1. Asconius (ad. Ver. II, 51) : « *Harum rerum cura propria datur censoribus, id est sartorum tectorum exigendorum. Verum hæc liceri et procurare, cum cæteris item tam publicis, tam privatis operibus ædilium cura est omnia.* » Tit.-Liv. IV, 32 et XLIV, 15, Cicéron, *Philipp.* VII, 7.

chès : l'exécution en était surveillée par les *curatores operum,* sortes d'ingénieurs ou architectes de l'Etat ; les uns et les autres étaient responsables, pendant quinze ans à partir de l'achèvement des ouvrages, de leur bonne exécution. Cette responsabilité passait à leurs héritiers (loi 2 § 1. Dig. *de oper. pub.* ; 8 Cod. *eod. tit.*).

Les *curatores* étaient chargés de faire des payements aux *redemptores*, au fur et à mesure de l'achèvement des travaux.

4. — *De l'expropriation et de l'indemnité*

Y avait-il à Rome une véritable expropriation, au sens moderne du mot, accompagnée des formalités administratives justifiée par l'utilité publique et précédée d'une juste indemnité ?

Nous ne le pensons pas, mais il existait certainement un droit analogue pour l'administration. L'empereur, souverain absolu dans Rome et en Italie, propriétaire de tous les fonds provinciaux, pouvait disposer à sa volonté des biens de chaque citoyen. « *Utique*, dit la *lex regia de Imperio* du règne de Vespasien, *quæcumque ex usu reipublicæ majestate, divinarum, humanarum, publicarum, privatarum que rerum esse censebit facere jus potestasque sit.* » Comment prétendre avec M. Dumay (sous Proudhon, *Dom. pub.* II. p. 198) que « le refus d'un particulier limitait la puissance de l'Etat » ?

Nous savons d'ailleurs que le préfet de la Ville pouvait

faire abattre les maisons d'une valeur moindre de 50 livres, tandis qu'il lui fallait une autorisation impériale pour détruire celles qui avaient une plus grande importance (loi 30 Dig. de *operib. pub.*). M. Serrigny (II. 947) observe sur ce point : « Il me semble que cette loi suppose manifestement la faculté pour la puissance publique de faire abattre les maisons des particuliers moyennant indemnité, car tantôt il faut pour cela recourir à l'intervention spéciale du chef de l'Etat, tantôt il suffit de l'autorité de son représentant, selon le plus ou le moins de valeur des maisons à démolir » Le préfet ne pouvait de sa propre volonté engager les finances du Trésor dans les cas importants.

Quoique qu'il en soit, nous trouvons dans notre matière, un des exemples les plus précis d'expropriation. Frontin (n° 125) nous rapporte un sénatus-consulte qui permettait aux entrepreneurs de s'emparer des matériaux d'autrui, de faire dans son terrain des extractions de terre, de pierre, brique, sable, bois, etc. si cela était nécessaire pour l'édification et la réparation des aqueducs, mais à la charge d'en indemniser le propriétaire *arbitratu boni viri*. Plus loin, nous parlant de l'achat des terrains eux-mêmes, Fortin (n° 128) nous explique que lorsque le propriétaire d'un fonds ne voulait pas en céder une portion séparée, on le lui achetait tout entier et on revendait le surplus. Comme compensation, on lui donnait, soit la valeur en argent de son terrain (loi 53 Cod. theod. *de operib. pub.*), soit un immeuble de même importance. Nous trouvons un exemple de cet échange forcé dans un rescrit de Théodose le jeune qui qualifie ainsi l'opération : « *ut contractus quidam et permutatio facta videatur* » (loi 50 eod.).

5. — *Du paiement des dépenses.*

Ce sont les villes qui, le plus ordinairement, faisaient les frais de la construction des aqueducs. En matière de travaux publics, les dettes de la cité étaient garanties par l'affectation du tiers de son revenu à ces dépenses (lois 11 Cod. Just. *de operib. pub.* 18, 32, 33 Cod. Theod. *eod. tit.*). Mais comment la ville rentrait-elle dans ses déboursés ? Nous savons qu'elle avait plusieurs moyens de répartir les frais entre tous les redevables.

1° Il y avait d'abord une répartition en argent, par tête (*per singula juga*), au moyen de rôles nominatifs, entre les citoyens domiciliés (loi 12 Cod. *eod. tit.*), à l'exception :

(1) Des vétérans, depuis une constitution de Constantin en 320 (loi 1. Cod. *de veteranis*).

(2) Des sénateurs, depuis Constance en 361 (loi 7 Cod. *de dignit.*).

2° La ville pouvait, si elle le préférait, recourir à une contribution en nature. C'est ce que nous apprend un rescrit de Valentinien en 365 : « *Sane si quid reparationi alicujus operis postulandum est, non in pecunia, sed in ipsis speciebus postulare te par est* » (loi 17 Cod. Theod. *de operib pub.*). Nous trouvons la même idée dans un rescrit de Gratien, en 380 (lois 16 Cod. Theod. *de Pisto-*

ribus), qui permet un paiement en fer, en plomb ou en autres matières.

3° Enfin on pouvait faire exécuter les travaux publics, en réquisitionnant le travail personnel de certaines catégories d'individus. Denys d'Halicarnasse nous apprend que Tarquin le Superbe ne s'y prit pas autrement ; il obligeait le peuple à creuser la terre, à tailler les pierres et à transporter les matériaux des monuments somptueux qu'il faisait construire (*Antiq.*, *rom.* IV. 43).

Plus tard quand le peuple eut secoué la servitude, on n'employa plus aux travaux publics que les condamnés *in opus publicum*. Cet usage fut d'ailleurs une autre source d'abus ; les mauvais empereurs y trouvèrent un moyen facile de se procurer des ouvriers à bon marché ; ils faisaient condamner aux travaux publics même des citoyens de condition honnête. Maximien agit de même à l'égard des soldats chrétiens, qu'il fit, en haine de la religion nouvelle, travailler aux thermes de Dioclétien (*Acta Marcellini apud acta sanct. Bolland.* III. 412).

Mentionnons encore :

4° Les fonds de concours que les petites villes (*minores*) étaient obligées de fournir aux grandes (*clariores*), lorsque les ressources de ces dernières ne suffisaient pas : *quoties clariores urbes, per singulas quasque provincias expensis propriis et vectigalibus majorem pecuniam, absolvendi cujuslibet operis, necessitate deposcunt, id ex minorum viribus vindicetur* » (loi 26. Cod. Théod. *de operib. pub.*).

5° L'affectation des amendes que Valentinien autorisa

les magistrats locaux à faire aux travaux publics (loi 5, Cod. *de modo mulctarum*).

En outre, le trésor public, les magistrats ou les particuliers pouvaient prendre à leur charge, tout ou partie des dépenses qu'entraînaient les travaux publics.

Sous la République, c'était, pour les citoyens ambitieux des honneurs, un moyen d'arriver à la popularité ; sous l'Empire, c'était un titre à la faveur du Prince. Nous avons déjà dit un mot des grands travaux d'Agrippa à propos des aqueducs Julien et Marcien ; il y ajouta, toujours à titres de *largitiones*, sept cents bassins, cent cinq fontaines et cent trente châteaux qu'il décora de trois cents statues et de quatre cents colonnes, et dont il fit hommage au peuple, pendant l'année de son édilité.

L'exemple d'Agrippa dut être suivi, puisque Gratien, en 376, crut devoir régler ce mode de construction des édifices publics (loi 19 Cod. de *operib. pub.*). C'était même devenu un usage obligatoire pour certains fonctionnaires, les préteurs de Constantinople, par exemple, qui en étaient tenus de par la volonté de l'Empereur (lois 13, 29, 30. Cod. Théod. *de Prætorib.*).

6. — *Quelles inscriptions portaient les aqueducs ?*

Les aqueducs portaient des inscriptions, rappelant le nom de leur fondateur et la date de leur construction. Sous l'Empire, le seul nom de l'empereur devait y figurer ; ces inscriptions ressemblaient toutes à celles que nous transcrivons pour servir d'exemple, et qui provient de l'aqueduc de Marcien :

Imp. Cæs. M. Aurelius. Antoninus, pius. felix. aug.
parthic. maxim.
brit. maximus. pontifex. maximus.
Aquam Marciam variis casibus impeditam purgato fonte
excis. et perforatis
Montibus. restituta forma. adquisito etiam fonte novo
antoniniano
In sacram Urbem suam perducendam curavit.
(Orell. *Inscr. lat.* 52).

Plus tard, les noms des *judices* qui avaient présidé à la construction purent suivre celui de l'empereur, mais l'omission du nom de ce dernier, sur un monument public, était considérée comme un crime de lèse-majesté (loi 10, Cod. *de operib. publ.*).

IV. — De l'entretien et de la protection des aqueducs.

Sous la République, des adjudicataires, sous la surveillance des censeurs ; sous l'Empire, les deux corporations d'*aquarii*, sous l'autorité du *curator aquarum*, étaient chargés de l'entretien et de la réparation des aqueducs.

Pour faciliter le travail des ouvriers et assurer la conservation de l'édifice, les riverains de l'aqueduc étaient grevés de plusieurs servitudes :

1° *Une servitude de passage.*

2° *Une servitude d'extraction de matériaux.*

Ces deux servitudes donnaient droit aux riverains à des indemnités, cela résulte du sénatus-consulte qui les établissait et dont voici le texte conservé par Frontin (n° 125) :

« *Quod Q. Ælius Tubero, Paulus Fabius Maximus Coss. V. F. de rivis, specibus forniubusque Juliæ, Marciæ, Appiæ, Tepulæ, Anionis reficiendis* Q. D. E. R. F. P. D. E. R. I. C. *uti cum ii rivi fornices quos Augustus Cæsar se refecturum impensa sua pollicitus senatui est, reficerentur; ex agris privatorum terram, limum, lapidem, testam, arenam, ligna, cæteraque quibus ad eam rem opus esset, unde quæque eorum proxime, sine injuria privatorum, tolli sumi, portari possint, viri boni arbitratu æstimata darentur, tollerentur, sumerentur, exportarentur et ad eas res omnes exportandas earumque rerum reficiendarum causa, quotiens opus esset per agros privatorum sine injuria eorum itinera actus paterent, darentur.* »

Le contentieux des dommages provenant de travaux publics était jugé par l'Empereur à Rome et dans les provinces par les gouverneurs, après expertise *arbitratu boni viri* (loi 24 pr. Dig. *de damno infecto* : il n'y avait jamais lieu, par contre, à la *cautio damni infecti* (loi 15, § 10, *eod.*).

3° *Une servitude de curage.*

Elle résulte de la loi 1 (*de aquæd.*), qui est une constitution de Constantin ; elle ordonne aux riverains : « *ut eorum opera aquarum ductus sordibus oppleti mundentur; nec ad aliud superindictœ rei onus iisdem possessoribus attinendis, ne circa res alias occupati, repurgium formarum facere non curent.* »

La sanction suit de près l'ordre impérial : *quod si neglexerint, amissione possessionum multabuntur, nam fiscus prædium ejus obtinebit, cujus negligentia perniciem formæ congesserit.* » En compensation d'une charge aussi lourde, et aussi sévèrement garantie, Constantin accorde aux riverains l'exemption des *onera extraordinaria.* On peut rapprocher de ce texte une constitution de Zénon, qui dispense également les *aquarii* de certaines charges, les *angariæ* et les *opera* (loi 10, Cod. *de aquæd.*) ; il est permis de supposer que, sous le nom d'*onera extraordinaria,* les propriétaires limitrophes étaient exemptés des prestations en nature et autres contributions analogues.

4° Une servitude *non ædificandi.* — Un sénatus-consulte, cité par Frontin (n° 127), prescrit que, pour faciliter les réparations aux aqueducs, on laisse, de chaque côté des canaux, un terrain libre de quinze pieds (4^{m},455), si les canaux étaient construits au-dessus du sol, de cinq pieds seulement, s'ils étaient souterrains. Une amende de 10,000 sesterces était prononcée contre les propriétaires voisins qui auraient élevé des constructions ou fait des plantations dans l'espace réservé. C'est le *curator aquarum* qui jugeait les contraventions.

La même prohibition est renouvelée par Constantin (loi

1, Cod. *de aquæd.*) en 330 ; il défend de planter aux mêmes distances de crainte que les racines des arbres ne compromettent la solidité des constructions ; en conséquence il prescrit au *judex* de faire arracher les plantations, qui se trouveraient dans le rayon de quinze pieds autour des *formæ*. Théodose réduisit à dix pieds, à droite et à gauche, les dimensions du terrain grevé de la servitude *non ædificandi*, au moins en ce qui concerne l'aqueduc d'Adrien (loi 6, *eod.*). Zénon confirma l'interdiction (loi 10, *eod.*).

Enfin la protection des aqueducs était complétée par les pénalités prononcées contre ceux qui les dégradaient, mutilaient ou perforaient (v. chap. VIII).

V. — DE L'ADMINISTRATION DES EAUX ET AQUEDUCS.

Sous la République, l'administration des eaux était entre les mains des censeurs, et, à leur défaut, des édiles. Nous avons vu qu'ils passaient les marchés pour la construction des aqueducs ; nous dirons plus loin qu'ils accordaient des concessions. Ajoutons qu'à l'époque dont nous parlons, ils affermaient à des entrepreneurs les travaux de réparation des aqueducs ; ces fournisseurs devaient avoir un certain nombre d'esclaves, employés constamment à l'entretien de ces constructions ; ces esclaves étaient inscrits sur les registres publics, avec l'indication du quartier où ils devaient faire leur ouvrage ; la surveillance des magistrats s'exerçait ainsi avec la plus grande facilité.

Sous Auguste, l'administration des eaux appartint à Agrippa ; après lui, elle fut remise à Messala Corvinus, l'an 743 de Rome, avec le titre nouveau ou renouvelé (1) de *curator aquarum*. On lui donna deux adjoints qui furent Posth. Sulpicius Prætorius et L. Cominius Pedarius ; un sénatus-consulte (cité par Frontin n° 100) détermina la nature des fonctions du *curator*, les honneurs, prérogatives et traitement qui lui étaient accordés. Il était mis à la tête de l'administration des eaux et aqueducs, devait veiller à l'exacte exécution du service, visiter périodiquement les aqueducs, au dehors des murs de la ville, pour reconnaître leur état et surveiller les concessionnaires, faire de même pour les châteaux d'eau et les fontaines de l'intérieur et assurer leur perpétuel écoulement (Frontin n° 104), s'opposer aux fraudes, vérifier les prises d'eau, diriger les travaux des *aquarii*. C'est à lui qu'appartenait le pouvoir de régler les concessions et de juger les contraventions.

Depuis le principat de Claude, il eut sous ses ordres un *procurator*, qui le remplaçait à l'occasion ; plus tard le *curator* put devenir comte et même consulaire.

Dans le début, les Romains avaient une haute idée de l'importance des fonctions du *curator aquarum* ; la formule que l'on employait pour conférer cette charge, nous a été conservée —. Elle débute par une comparaison entre les aqueducs et les autres monuments de Rome, si admirables et si prodigieux, mais tout est encore à l'avantage des

1. On croit que ce titre fut porté 71 ans avant notre ère. Frontin ne nous fait rien connaître de semblable.

premiers, qui sont remarquables, non seulement par leur architecture, mais par leur utilité ; on ne sait ce qu'il faut le plus admirer de la structure de ces montagnes artificielles qui supportent des fleuves, ou de la limpidité des eaux qu'elles amènent. Aussi le curator « *cui pulchritudo tanta committitur* », est averti des soins qu'il doit prendre de pareilles merveilles ; « *ductus aquæ fortuna tua est, dum incolumis eris, si illa solidaveris ; tantumque apud nos proficis, quantum te illi studuisse probaveris. Agat ergo peritia fidesque tua, ut et constructio fabricæ inlibata permaneat, et aquæ distributio nulla se custodum venalitate subducat.* »

La liste des *curatores* comprend d'ailleurs les noms des personnages les plus importants de l'Empire.

Au Bas-Empire, les fonctions de *curator* furent exercées par deux dignitaires : le *comes formarum* et le *consularis aquarum*, sous l'autorité du préfet de la ville.

Le *curator aquarum* avait sous ses ordres deux corporations ou *familiæ* d'*aquarii*, qui, depuis l'Empire, étaient chargées des travaux ordinaires du service.

L'une de ces familles d'ouvriers avait été fondée par Agrippa ; Auguste, qui en avait hérité, la donna au peuple romain. Elle comprenait 240 hommes ; l'autre, plus récente, avait été établie par Claudius sur le pied de 460 hommes et appartenait à l'empereur.

Elles étaient divisées en contrôleurs, gardiens des châteaux, inspecteurs, paveurs, faiseurs d'enduits et différentes autres catégories. Elles étaient entretenues, la première avec le produit des redevances payées par les concessionnaires et qui se montaient, au dire de Frontin (n° 118), à 250 mille sesterces (42 500 fr.), la seconde, aux frais du fisc.

Les ouvriers des eaux étaient choisis parmi les esclaves ; ils étaient marqués d'un stigmate (du nom de l'empereur, depuis une constitution de Zénon ; loi 10), pour les empêcher de se soustraire aux devoirs de leur condition, qui paraît avoir été assez dure. Ils devaient loger aux environs des *castella* et des *munera* et se tenir prêts à marcher au premier signal ; enfin le travail de chacun était inscrit tous les jours sur un registre et sévèrement contrôlé.

Il est juste d'ajouter cependant qu'il était interdit de les employer à d'autres travaux et qu'ils étaient dispensés des *angariæ* : « *ut nec a procuratoribus domorum, vel quolibet alio, ad usus alios avellantur, vel angariarium, vel operarum nomine teneantur* » (loi 10 *Cod. de aquæd.*).

VI. — DE LA DOMANIALITÉ DES AQUEDUCS

Les aqueducs, avec l'eau qu'ils contenaient, les fontaines conduites et tuyaux, faisaient partie du domaine public de la ville, ainsi que le prouve la loi 9 au Code (*de aquæductu*). Cette loi prescrit en effet de rechercher les usurpateurs, et de rendre les fontaines jadis publiques, devenues abusivement propriétés privées, à l'usage commun des citoyens. Les termes employés par l'empereur démontrent suffisamment que les eaux de la ville avaient à la fois le caractère public et municipal ; il ordonne en effet : « *ut jus suum regiœ civitati restituatur et quod publicum fuit aliquando minime sit privatum, sed ad communes usus recurrat.* »

Le domaine public des cités était inaliénable, ce principe résulte de plusieurs textes : « *omnium rerum, quas quis vel habere, vel possidere, vel persequi potest, venditio recte fit. Quas vero natura, vel gentium jus, vel mores civitatis commercio exuerunt, earum nulla venditio est* » (loi 24 § 1 Dig. *de contrah. empt.*) il était également imprescriptible : « *Usucapionem recipiunt maxime res corporales, exceptis rebus sacris, sanctis, publicis populi romani et civitatum.* » (loi 9 Dig. *de usucap.*) « *prœscriptio longi temporis juri publico non debet obsistere, sed nec rescripta quidem* » (loi 6 Cod. *de operib. pub.* (V. dans le même sens, loi 2 Cod. *ne rei dominicœ* ; loi 45 Dig. *de usucap.* Instit. *de usucapionibus* II, 6.).

VII. — DES CONCESSIONS

La concession, ou *jus aquœ*, est le droit accordé à un citoyen par l'administration, de prendre dans les réservoirs publics un volume d'eau déterminé, pour l'employer à son usage personnel.

1. — *Comment s'acquiert le jus aquœ.*

Le *jus aquœ* était originairement une faveur extraordinaire et toute particulière accordée à certains citoyens. Frontin nous fait remarquer que la préoccupation des anciens, en édifiant des aqueducs, avait été bien plus l'utilité générale, que le désir d'être agréable aux personnes privées. L'administration des eaux usait à leur égard de la plus stricte parcimonie ; nous savons (1) que le grand Cirque ne pouvait obtenir d'eau, même les jours de jeux publics qu'avec la permission des censeurs ou des édiles ; cette position était encore en vigueur au temps d'Auguste.

Sous la République, les censeurs, et, lorsqu'il n'y en avait pas, les édiles, avaient seuls le pouvoir de consentir les concessions et encore, à l'origine, ne pouvaient-ils disposer que de l'*aqua caduca*, du trop plein des bassins et pour le seul usage des bains et foulons (Frontin n°s 94 et 95). Peu à peu cependant ces règles s'élargirent et les particuliers purent obtenir de l'eau pour le service de leurs demeures, mais il était bien entendu que les concessions n'étaient prises que sur le superflu des châteaux et que les fontaines et bassins publics devaient être pourvus les premiers « *quid his* (dit la loi 5 *in fine*), *quibus nostra serenitas indulsit, ex aqua superflua debeat impartiri.* »

Sous l'Empire, Auguste se réserva le droit de concession « *tota re in sua beneficia translata* » (Frontin n° 99).

2. — *De la transmission du jus aquæ.*

Au début, le *jus aquæ* était essentiellement personnel et

1. Frontin, n° 97, d'après *Atteius Capito*.

viager ; il ne passait ni à l'héritier du concessionnaire, ni à l'acheteur ou au nouveau propriétaire à quelque titre que ce fût, du fonds qui en jouissait. Il y avait cependant deux exceptions à ce principe : la concession était perpétuelle pour les eaux destinées aux bains et celles distribuées *in nomine Cæsaris*, mais la première disparut sous Nerva (sén. cons. cité par Frontin, n° 108).

Dans la suite la législation se modifia ; voici ce qu'elle était devenue au temps d'Ulpien (loi I § 38 et s. Dig. *de aqua quotid. et aestiv.*) : le jus aquæ est tantôt réel, tantôt personnel ; lorsqu'il est accordé au fonds lui-même, il ne s'éteint pas par la mort du propriétaire de la terre, il passe à son successeur, héritier, acquéreur à titre gratuit ou onéreux, qui peut alors invoquer la protection de l'interdit *quo ex castello* ; quand au contraire, le droit est concédé *personæ*, il s'éteint de plein droit à la mort du titulaire. Mais ici encore il y avait un tempérament ; autrefois on fermait la prise d'eau immédiatement après l'extinction de la concession et on publiait qu'elle était disponible ; plus tard, il fut décidé que le service de l'eau durerait 30 jours après le décès, pour donner au nouveau propriétaire le temps d'en solliciter la continuation. Il faut ajouter aussi que ce renouvellement était devenu presque un droit pour le successeur. Ulpien nous apprend (§ 44 *eod*) qu'il l'obtenait toujours « *nec est hoc beneficium, sed injuria, si quis forte non impetraverit.* »

Quant aux propriétés indivises, la concession subsistait en entier tant qu'il survivait un seul des propriétaires qui l'avaient primitivement obtenue. Aucune loi précise n'en décidait ainsi, nous dit Frontin (n° 109), mais « c'était de droit. »

3. — *Le jus aquœ est révocable et imprescriptible.*

Nous avons vu par la loi 9 au code *de aquaeductu* que les eaux et les fontaines publiques faisaient partie du domaine public communal ; elles étaient dès lors inaliénables et imprescriptibles ; nous savons encore par la loi 6, au même titre, que l'empereur Théodose ordonna des perquisitions domiciliaires pour rechercher les usurpations commises sur l'eau de l'aqueduc d'Adrien, préoccupé qu'il était de réprimer les fraudes accomplies « *contra publicam utilitatem.* »

Il semble que l'on doive nécessairement conclure de ces textes, que le *jus aquœ* ayant pour objet une *res civitatis* ne pouvait être définitivement aliéné et ne pouvait pas davantage se prescrire.

Cependant l'opinion contraire mérite une sérieuse discussion ; les auteurs qui l'ont adoptée ne contestent nullement la théorie de l'inaliénabilité du domaine des cités, qui résulte trop visiblement des textes ; ils se bornent à en discuter la portée et à en nier l'application aux réservoirs d'eau : si l'eau des aqueducs publics, disent-ils, est inaliénable, c'est en tant qu'elle sert aux usages communs des citoyens ; quant au surplus qui est concédé à des particuliers, il rentre *in commercium,* il redevient susceptible d'aliénation et de prescription. La concession a eu pour but d'établir la séparation entre l'eau nécessaire aux besoins publics et celle qui pouvait, sans inconvénient, être laissée aux particuliers ; c'est cette seconde fraction, dépouillée de tout caractère domanial, qui rentre dans le droit commun.

Dans ce système on admet sans difficulté que la prescription acquise sur le filet d'eau, qu'un citoyen s'est procuré en perforant les conduites, est nulle et de nul effet comme attentatoire aux droits de la ville ; on reconnaît qu'il y a là une entreprise illégitime contre le domaine public.

Il en est autrement, nous dit-on, de la concession déjà existante ; elle porte sur une *res in commercio*, elle est donc définitive et susceptible de prescription. Il en résulte que l'empereur ne pourra pas la révoquer ; que d'autre part la prescription pourra consolider la possession de celui qui, tout en n'ayant commis aucune usurpation sur les eaux du domaine, n'aurait sur la concession qu'un droit imparfait. La question se présentera pratiquement dans l'hypothèse, où une concession *personæ data* s'est éteinte par la mort du propriétaire, et où son successeur, n'ayant pas été inquiété, n'a pas fait renouveler son droit. Si plus tard il invoque la prescription devra-t-il être écouté ? La question de la prescriptibilité touche de près à celle de la révocabilité, car elles supposent toutes deux résolue cette autre question : la concession a-t-elle eu pour effet d'enlever une fraction des eaux au domaine public pour la rendre à la libre disposition de l'administration ?

On s'appuie d'abord pour le prouver sur les lois 4 et 5,

au Code, *de aquæductu* ; « *usum aquæ veterem longoque dominio constitutum, singulis civibus manere censemus nec ulla novatione turbari, ita tamen ut quantitatem singuli, quam veteri licentia percipiunt, more usque in præsentem diem perdurante, percipiant* » (loi 4). Cette loi suppose, nous dit-on, que les concessions, fondées sur un titre régulier et sur une possession continue, devaient être à l'abri de toute révocation : la loi 5 dispose que ceux qui auront obtenu une concession devront s'adresser au préfet du prétoire, qui déterminera la part qui peut leur être accordée sur *l'aqua superflua*, après satisfaction des besoins publics. Il résulte de là, que la concession ne pouvait porter que sur ce qui excédait les nécessités du service, la partie affectée à l'usage commun des citoyens restant indisponible (V. en ce sens Cujas, Godefroy, Troplong. n° 168).

Nous répondrons à ces arguments, que si la loi 4 défend que les concessionnaires soient troublés dans leur possession « *ulla novatione* », elle n'indique nullement qu'il s'agisse ici d'une révocation. La constitution impériale s'explique d'une autre manière ; elle prescrit seulement de respecter les droits qui résultent d'une ancienne autorisation de l'empereur, soutenue par une possession ancienne, à une certaine quantité d'eau ; elle défend de modifier le diamètre des calices, que l'administration des eaux était peut-être tentée de réduire pour augmenter le nombre des concessions et donner satisfaction à plus de demandes.

Telle est l'innovation que prohibe la constitution d'Arcadius, cela résulte des termes mêmes de la loi.

A supposer que les termes « *ulla novatione turbari* » aient la portée qu'on veut leur donner, il n'en résulterait pas nécessairement que les concessions soient irrévocables, car l'empereur en interdisant au comte de l'Orient de faire des révocations, ne paralysait en rien son propre droit ; il semble plutôt qu'il ait voulu se réserver l'exercice exclusif du droit de révoquer ce qu'il avait seul le pouvoir d'accorder.

La loi 4 nous donne la preuve que la prescription n'était pas possible en pareille matière ; elle ne protège en effet que ceux qui reçoivent l'eau *veteri licentia*, c'est-à-dire ceux, comme dit Cujas « *quibus aquæ publicæ usum jamdiu princeps concessit* » ; l'empereur seul pouvait défaire ce que l'empereur avait fait, mais les usurpateurs, ceux qui n'avaient pas reçu *licentiam utendi*, pouvaient être dépossédés sans formalité, parce que leur possession n'avait pu fonder aucun droit.

Cette théorie s'appuie encore sur le texte qui forme la loi 5 au Code et qui est une constitution de Théodose et de Valentinien au préfet du prétoire :

« *Si quis per divinam liberalitatem meruerit jus aquae, non viris clarissimis rectoribus provinciarum, sed tuae præcellentissimæ sedi cœlestes apices intimare debebit... et amplissima tua sede dispositura, quid inpublicis thermis, quid in nymphaeis pro abundantia civium conveniat depu-*

tari; quid his personis, quibus nostra serenitas indulsit, ex aqua superflua debeat impartiri. »

Nous ne songeons pas à contester que les concessions aient jamais été prises sur autre chose que sur le superflu, après complète satisfaction de tous les besoins publics; mais nous nous refusons à trouver dans le texte ce qu'on veut y lire, c'est-à-dire le caractère définitif et irrévocable de ces concessions; il ne nous paraît pas ressortir le moins du monde de l'opposition que nous présente la constitution, entre l'eau nécessaire aux services publics et l'eau superflue; si la première était inaliénable, il ne s'en suit pas que la seconde ait été susceptible d'une aliénation définitive et irrévocable, par la seule raison que l'on pouvait accorder sur celle-ci des concessions que l'on ne pouvait faire sur celle-là.

La loi 5, fût-elle plus explicite, n'est qu'un simple réglement de police qui prescrit l'enregistrement des concessions à la préfecture du prétoire et commande au préfet de faire la répartition des eaux entre les services publics et les concessions privées. L'empereur n'a pas eu dessein d'y trancher une question de principe, qu'il a d'ailleurs laissée entière. Ce texte doit être laissé en dehors du débat.

Notre opinion peut invoquer en sa faveur un argument à peu près décisif; c'est la loi 9 au même titre, dont nous avons déjà cité un fragment; la voici en entier :

« *Diligenter investigari decernimus, qui publici ab initio fontes, vel cum essent ab initio fontes privati, post-*

quam publice usum præbuerunt, ad privatorum usum conversi sunt, sive sacris apicibus per surreptionem impetratis, ac multo amplius, si auctoritate illicita, nec appetito colore sacri oraculi hujusmodi aliquid pertentatum fuisse dignoscitur : ut jus suum regiæ civitati restituatur, et quod publicum fuit aliquando, minime sit privatum, sed ad communes usus recurrat : sacris oraculis vel pragmaticis sanctionibus adversus commoditatem urbis quibusdam impertitis, jure cassandis, nec longi temporis præscriptione ad circumscribenda civitatis jura profutura. »

Dans cette constitution, Zénon commande la restitution au domaine de la ville de toutes les eaux qui en ont été détournées et qui sont devenues abusivement des propriétés particulières, et cela, nonobstant toutes permissions et concessions impériales contraires. Les concessions impériales n'étaient donc pas irrévocables.

On nous objecte que dans cette loi il s'agit de permissions données par les empereurs, en dehors des limites de leur compétence, sur une partie du domaine public non susceptible d'aliénation ; qu'ils auraient pu disposer du superflu seulement, mais non du nécessaire ; que dès lors leurs actes de dispositions n'étaient pas valables, en tant qu'ils portaient sur la partie des eaux indispensable aux usages publics.

On ne remarque pas combien la ligne de démarcation entre le nécessaire et le superflu est délicate à observer, que les besoins d'une cité sont variables et que l'eau inutile au moment de la concession, peut rentrer peu après dans la catégorie des choses inaliénables, parce qu'elle sera devenue nécessaire au public. La concession, au grand détriment de l'intérêt public, ne pourrait être révoquée. Que devient le pouvoir de l'empereur « de faire de toutes choses divines, humaines, publiques et privées, l'usage que commande l'intérêt de la République et la majesté du peuple romain » ?

Nous n'invoquons pas à l'appui de notre opinion la loi 6 qui ordonne de réserver l'eau de l'aqueduc d'Adrien à l'usage des bains d'Achille et du palais impérial, et défend d'accorder sur elle aucune concession ; on ne peut tirer aucun argument général d'un texte qui dispose seulement pour un cas particulier.

Le *jus aquæ* était une simple faveur impériale, toujours révocable lorsque l'intérêt public l'exigeait, une sorte de précaire, qui n'avait de durée que celle que le concédant voulait bien lui laisser ; il n'était pas davantage prescriptible puisqu'il portait sur une chose dont on pouvait toujours, quel que soit le temps écoulé, rendre la jouissance à la cité.

4. — *Du réglement de la concession.*

Le concessionnaire devait présenter l'édit impérial qui lui accordait le *jus aquæ*, soit au *curator aquarum*, soit à son *procurator*. Celui-ci en réglait toutes les conditions, d'après les instructions contenues dans la décision souveraine : le module du calice, le *castellum* auquel devait se faire la prise d'eau, la pose des conduites et il les inscrivait sur ses registres avec le nom du destinataire et celui du fonds, puis le *curator* donnait ses ordres aux *aquarii* pour l'établisssement du calice et des tuyaux et il donnait avis de la nouvelle concession aux fermiers de la redevance.

Lorsque le curateur eut disparu, ces fonctions furent dévolues au *consularis aquarum*, sous la surveillance du préfet de la ville. Au Bas-Empire la notification devait être adressée au préfet du prétoire, qui l'insinuait. L'insinuation était une formalité obligatoire à peine de cinquante livres d'amende, depuis une Constitution de Théodose et de Valentinien (loi 5); Anastase réduisit l'amende à dix livres, avec faculté d'enregistrer le rescrit auprès de tout autre magistrat compétent (loi 11). — Dans les provinces, l'insinuation se faisait chez le *præses provinciæ*.

Agrippa, le premier, détermina dans ses règlements quelles étaient les quantités d'eau dont l'administration pouvait disposer pour les établissements publics, les bassins et les concessions particulières. Les empereurs fixèrent le volume d'eau maximum que chaque citoyen pouvait être autorisé à dériver pour l'usage de sa demeure. Un rescrit de Gratien, en 382, décida que les grandes maisons ne pourraient obtenir plus de 2 ou 3 onces, les moyennes une et demie, les petites une demie; il fallait se montrer économe dans les distributions, afin d'assurer l'alimentation de tous les services. On pouvait aussi éviter les déperditions en n'accordant l'usage de l'eau que pendant certains jours ou à certaines heures de la journée, ainsi que nous l'apprend Frontin (n° 9), à propos de la fontaine Crabra : « *per vicem in dies modulosque certos dispensatam.* »

Les concessions se faisaient par modules, dont le quinaire était l'unité ; c'était un calice de cinq quarts de doigt de diamètre (soit 0^{m}0232) ; il se divisait en *unciæ*. Les autres modules étaient le sextaire, le septénaire, l'octonaire, le dénaire, le duodénaire, le quinzénaire, le vingténaire, qui avaient respectivement six, sept, huit, dix, douze, quinze, vingt quarts de doigt de diamètre ; au-dessus du vingténaire on comptait par doigts carrés de cinq en cinq et de vingt-cinq à cent doigts carrés ; le plus fort et dernier module était de cent vingt.

5. — *Où se fait la prise d'eau.*

Primitivement, les concessions ne pouvaient être faites que sur l'*aqua caduca* des bassins ; plus tard elles étaient habituellement établies sur un château d'eau.

Les calices des concessionnaires étaient adaptés au château, mais ils devaient être tous à la même hauteur, afin de donner à chacun la même quantité d'eau. Quoique Frontin ne nous le dise pas, on peut supposer que l'administration trouvait dans cette règle un moyen d'assurer avant tout le service des fontaines publiques ; il suffisait pour cela de placer la ligne des calices concédés au-dessus de celle des calices réservés ; ces derniers se remplissaient plus vite que les autres, lorsque le *castellum* était plein, et à l'exclusion des autres lorsqu'il était à moitié vide.

Il a été permis pendant longtemps de recueillir l'eau qui s'échappait de la partie supérieure des châteaux ; les empereurs durent de bonne heure réserver ce trop plein au nettoyage des égouts, pour des motifs d'hygiène publique, et supprimer les autorisations, probablement tacites, dont on avait profité jusque là. Nerva, dans sa constitution rapportée par Frontin (n° 111) se réserve à lui seul de déroger à cette règle : « *caducam neminem volo ducere, nisi qui meo beneficio, aut priorum principum habent, nam necesse est ex castellis aliquam partem aquæ effluere, quum hoc pertineat non solum ad Urbis nostræ salubritatem, sed etiam ad utilitatem cloacarum abluendorum.* »

A l'intérieur de la ville, il était interdit de faire des concessions à prendre sur les canaux publics ; c'était un moyen d'éviter les fraudes et la détérioration des tuyaux de conduite (sén. cons. cité par Frontin, n° 106).

Mais il n'y avait pas de *castella* publics en dehors des murs de Rome ; les riverains de l'aqueduc pouvaient-ils être autorisés à en détourner les eaux ? Quelques interprétés l'ont pensé, et il s'appuyent sur les termes employés par Frontin lui-même lorsqu'il traite des devoirs du curator (n° 103) : « *Sollicite subinde ductus extra Urbem circumeundi ad recognoscenda beneficia ; idem in castellis et salientibus publicis faciendum.* »

D'autres textes paraissent confirmer cette opinion « *aquam ex castello*, nous dit Ulpien (loi 1 § 41 Dig. *de aq. quot*), *vel rivo, vel ex quo alio loco publico ducere* » et nous lisons dans un rescrit de Théodose qui forme la première partie de la loi 3 au Code de Justinien, *de aquæductu* : « *aquæ usum aut ex castellis, aut ipsis formis jubemus elicere* » (loi 5 Cod. Théod).

Ces textes ne nous paraissent pas décisifs. La phrase de Frontin ne nous dit pas que les concessions extérieures étaient prises sur l'acqueduc lui-même ; rien n'empêchait les propriétaires suburbains de solliciter le *jus aquæ* sur un *castellum* de la ville. Ulpien n'est pas plus affirmatif ; les mots « *ex quo alio loco publico* » peuvent désigner *l'aqua caduca ex lacubus* ; quand au troisième texte, il en contredit par la suite de la loi, à laquelle il appartient dans le Code de Justinien (loi 3 Cod. Just. ; loi 6 Cod. Théod) ; nous citons le texte entier : « *eos qui aquæ copiam vel olim, vel nunc, per nostra indulta meruerunt, usum aut ex castellis, aut ex ipsis formis jubemus elicere, neque earum fistularum, quas matrices vocant cursum ac soliditatem attentare,* VEL AB IPSO AQUÆDUCTU TRAHERE » Cujas essaye de concilier les deux parties de ce rescrit en entendant le mot « *forma* » dans le sens de « *conceptacula* ». A l'appui de son interprétation, il cite que les Basiliques qu'emploient ici le mot δοχεῖα (commentaire sur la loi 3). Nous pensons plutôt que les mots « *aut ex ipsis formis* » ont été ajoutés par un copiste maladroit.

6. — *De l'établissement des conduites*

Frontin ne nous dit pas qui supportait les frais d'installation des conduites sous la voie publique ; il est probable qu'ils étaient à la charge du concessionnaire ; quant aux tuyaux intérieurs, ils étaient réputés faire partie du fonds et appartenaient au nouveau propriétaire, que la concession fût ou non personnelle (loi 47 Dig. *de contrah. empt.* Cujas VII p. 714. D.). Il en était de même du château privé, de l'avis de Labéon (loi 78 Dig. *eod tit.*).

Une servitude d'aqueduc pesait sur les fonds qui séparaient le concessionnaire du *castellum* ; les travaux de pose des conduites d'eaux nous semblent en effet rentrer dans la catégorie de ceux dont une loi de Paul traite en ces termes : « *Cassius autem scribit si qua opera aquæ mittendæ causa publica auctoritate facta sint, in aquæ pluviæ arcendæ actionem non venire* » (loi 2 § 3 Dig. *de aqua et aq. pluv. arc.*). Nous lisons de même dans une loi suivante : « *Quod principis aut senatus jussu, aut ab his qui primi agros constituerunt, opus factum fuerit, in hoc judicium non venit* » (loi 23 *eod. tit.*). Mais il n'était permis que d'établir des tuyaux de plomb, on ne pouvait, sans le consentement des propriétaires intermédiaires, leur imposer le passage d'une conduite en maçonnerie : « *Recte placuit, non alias per lapidem aquam duci posse, nisi hoc in servitude constituenda comprehensum sit ; non enim consuetudinis est, ut qui aquam habeat per lapidem statum ducat : illa autem, quæ fere in consuetudine esse solent, ut per fistulas aquæ ducantur, etiam si nihil comprehensum in servitute constituenda fieri possunt ;*

sita tamen ut nullum damnum fieri domino ex his detur » (loi 17 § 1. *eod. tit.*).

Les premiers textes que nous venons de citer refusent aux propriétaires grevés de la servitude, l'action *pulviæ arcendæ*. Cette action venait des XII tables, elle avait pour but de prévenir le dommage éventuel que pouvait causer le passage de l'eau et de la faire retenir, par celui de l'héritage duquel elle découlait. Elle n'avait pas d'application ici. Mais si des dégradations venaient à se produire dans une propriété intermédiaire par suite de l'action de l'eau on accordait au maître de ce fonds une action *in factum*, subsidiaire de la loi *Aquilia*. Ce dernier pouvait même stipuler du concessionnaire la *cautio damni infecti*, s'il avait quelque raison de craindre un dommage dans l'avenir (loi 18. Dig. *de serv. præd. urb.*).

7. — *De la redevance.*

Les concessions furent d'abord accordées à charge d'une redevance. Frontin qui nous en parle à plusieurs reprises (n°s 94, 96, etc.) néglige de nous dire la somme que l'on percevait par module, mais l'usage en était bien établi. Vitruve, dans son traité de l'architecture (VIII, 7) rapporte : « *et qui privatim ducent in domos vectigalibus tueantur per publicanos aquarum ductus.* » Le produit des concessions était affirmé à des publicains ; il entrait au trésor pour une somme de 250,000 sesterces ; nous en avons dit la destination. Cicéron payait également une redevance pour les eaux de sa propriété de Tusculum : « *ego Tusculanis pro aqua Crabra vectigal pensam, qui mancipio fundum accepi* » (*pro lege agraria* ; or. III, cap. 2).

Peu à peu, les concessions devinrent gratuites et l'impôt cessa d'être exigé, nous en avons la preuve dans un rescrit de Théodose le jeune qui, prescrivant de consacrer les impôts à la réparation des aqueducs, ajoute : « *Illo videlicet observando, ut nemo eorum, qui jus aquæ possident, quamcumque descriptionem sustineat* ; *nam execrabile videtur, domos hujus almæ Urbis aquam habere venalem* » (loi 7, Cod. *de aquæd.*)

8. — *Quelles actions appartiennent au concessionnare.*

1° Le concessionnaire avait, de par l'édit du préteur, un interdit pour faire respecter son droit. Ulpien nous en donne le texte : « *Quo ex castello illi aquam ducere ab eo cui ejus rei jus fuit, permissum est : quominus ita, uti permissum est, ducat, vim fieri veto* » (loi 1, § 38, Dig., *de aqua quot.*).

Cet interdit fut accordé à celui qui justifiait d'une permission impériale, par analogie avec les interdits qui protégeaient le possesseur d'une servitude d'aqueduc à partir de la source, mais il en différait en ce qu'il n'était pas préparatoire à un procès, et qu'il ne tendait pas au maintien temporaire de la possession. Il avait pour but unique et final la preuve de la concession.

2° La *cautio damni infecti* était également ouverte au

concessionnaire, s'il craignait un dommage ou une entreprise contre son droit de la part d'un voisin disposé à le troubler : « *Quandoque de opere faciendo interdictum erit*, dit le préteur, *damni infecti caveri jubebo* » (*eod.*).

VIII. — De la répression des délits

Frontin nous apprend quels étaient les principaux moyens employés pour frauder le fisc et déjouer la surveillance du *curator*.

Les fontainiers étaient les plus à craindre à cause des procédés dont ils disposaient ; il leur était facile de percer les tuyaux de conduite qui circulaient sous les rues, et de vendre l'eau aux particuliers ; ou bien ils ne fermaient pas les prises d'eau des concessions éteintes et en faisaient commerce ; ils élargissaient les calices, que l'on dut pour cette raison renoncer à fabriquer en plomb ; ils adaptaient aux calices des tuyaux plus larges, afin de donner à l'eau un écoulement plus rapide, et par conséquent un débit plus considérable ; ou plus simplement le calice qu'ils adaptaient au *castellum* excédait les dimensions légales.

Il fallait compter aussi avec les usurpations des particuliers qui, dans la campagne, foraient les aqueducs pour arroser leurs champs et à l'intérieur de la ville usaient sans droit de concessions périmées. Caton, pendant sa censure, avait déjà poursuivi les délinquants de ses rigueurs et rendu à leur destination les eaux qui avaient été détournées dans les propriétés particulières (Tit. liv. XXXIX, 44). Frontin, en entrant en charge fit une vérification générale et remit en vigueur les anciens règlements tombés peu à peu en désuétude. Parmi les plus importants de ces règlements, il faut nommer la loi Quinctia, votée, l'an 745 de Rome, par le peuple réuni dans ses comices. Il s'agissait de réprimer toutes les entreprises contre les eaux publiques ; voici quelles étaient ses principales dispositions : « *Quicumque, post hanc legem rogatam, rivos, specus, fornices, fistulas, tubulos, castella, lacus aquarum publicarum quæ ad urbem ducuntur, sciens, dolo malo foraverit, ruperit, foranda, rumpendamve curaverit, pejoremve fecerit, quominus eæ aquæ earumve qua in urbem Romam ire, cadere, fluere, pervenire, duci possint, quove minus in urbe Roma et in iis ædificiis, quæ urbi continentia sunt, erunt, in his hortis, prædiis, locis, quorum hortorum, prædiorum, locorum, dominis possessoribusve aqua data, vel adtributa est, vel erit, saliat, distribuatur, dividatur in castella, lacus immitatur, is populo romano C. millia dare damnas esto.* » Le délinquant était condamné à réparer le dommage : « *Sarcire, reficere, restituere, ædificare, ponere et celere demolire.* » Le *curator aquarum* et à son défaut le prêteur pérégrin, reçoit pouvoir « *cogendi, coercendi, multæ dicendæ, sive pignoris capiendi.* » Défense de construire, planter, labourer, semer dans le voisinage des aqueducs, à peine d'être obligé de rétablir les choses dans l'état antérieur ; prohibition est faite de couper le foin et de faire paître les animaux dans le même voisinage ; ordre est donné au *curator* de faire déraciner les arbres, vignes, buissons, haies, abattre les murs de clôture, saules, roseaux placés aux environs des sources, voûtes, murs, canaux et conduits souterrains, avec pouvoir de prononcer une amende, recevoir des gages et ordonner la contrainte personnelle. On exceptait seulement de ces dispositions les vignes et arbres renfermés dans les enclos et les murs que les administrateurs auraient reconnu pouvoir être conservés sans inconvénient, à charge néanmoins, pour le propriétaire, de faire inscrire l'autorisation sur leurs clôtures, avec le nom du *curator* qui l'a donnée (Frontin, n° 129).

La loi défendait enfin de puiser de l'eau aux fontaines et réservoirs, au moyen de roues, calices ou machines, de creuser de nouveaux puits et de percer des ouvertures aux conduits.

Frontin rapporte qu'il était défendu de corrompre l'eau des fontaines et des aqueducs à peine de dix mille sesterces d'amende (n° 97). Pour assurer l'exécution de cette disposition, les édiles curules avaient ordonné d'établir dans chaque quartier deux citoyens chargés de veiller à la conservation des eaux publipues.

Les détournements étaient sevèrement punis; on infligeait aux usurpateurs une amende de cent mille sesterces, la déchéance du *jus aquae* et souvent la confiscation du fonds pour payer le trésor de ses frais de réparation (loi 2 cod. *de aquæd.*).

Toute entreprise contre la libre distribution et le cours

de l'eau dans les conduits était punie de la perte de la concession et de peines corporelles (loi 3. cod.).

Honorius condamna à une amende de cinq livres d'or l'usurpation de l'eau Augusta(loi 8 C. Théod. eod. tit.) et Théodose de cent livres le détournement de l'eau d'Adrien, réservée à l'empereur (loi 6 cod. Just.).

Enfin l'administrateur négligent était lui-même puni. Honorius, préfet de Rome, fut condamné à payer autant de livres d'or qu'il avait laissé usurper d'onces de l'eau Claudia, confiée à sa surveillance (loi 9 cod. Théod.).

Comme mesure préventive les lois ordonnaient que l'on marquât d'un signe particulier les calices de chaque dimension. Le tuyau qui leur faisait suite devait avoir, pendant 50 pieds, le même diamètre qu'eux et porter la même empreinte.

Chaque concession devait être déclarée et insinuée (lois 5 et 11 Cod. *de aquæd.*)

DROIT FRANÇAIS

INTRODUCTION

Sous ce titre *des fontaines publiques*, nous traiterons de la question de l'eau dans les villes.

Nous parlerons d'abord des difficultés que rencontrent nos communes lorsqu'elles veulent acquérir, détourner et amener à leurs fontaines les eaux dont elles besoin. Les principes généraux du droit et la jurisprudence nous aideront à donner la solution de ces controverses; notre sujet n'a pas encore été réglementé par le législateur, mais il a attiré son attention et l'on peut espérer voir, tôt ou tard, passer dans la loi les dispositions fort sages que contient le projet de Code rural, soumis aux délibérations du Sénat.

Notre seconde partie sera consacrée à l'étude du régime des eaux communales lorsqu'elles sont arrivées aux réservoirs publics, et du service des concessions particulières. Nous retrouverons ici la plupart des règles tracées par les Romains, empruntées par nos rois aux souvenirs de Rome, maintenues par notre jurisprudence et la pratique constante de nos administrations municipales.

Les Romains avec des procédés scientifiques peu avancés avaient réussi à amener dans leur ville un véritable fleuve d'eau potable. Il nous paraît intéressant de rechercher comment le service des eaux était organisé dans l'ancien Paris et par quelle suite de transformation on est arrivé à lui donner un développement qui touche à la perfection. Nous présenterons donc d'abord des eaux de Paris, un historique que nous nous efforcerons de rendre aussi rapide que possible, tout en n'omettant aucun détail important. Il servira d'introduction naturelle à notre étude.

HISTORIQUE DES EAUX DE PARIS

Les premiers habitants de Paris s'alimentaient de l'eau de Seine, puisée directement dans le fleuve. On croit que c'est l'empereur Julien qui construisit l'aqueduc destiné à amener au palais des Thermes les eaux d'Arcueil ; cet aqueduc fut détruit au IXe siècle par les normands ; il ne fut jamais entièrement reconstruit.

Au XIIIe siècle, on constate l'existence de deux aqueducs, qui conduisaient l'un à l'abbaye de St-Laurent l'eau du Pré-Saint-Gervais, l'autre à l'abbaye de Saint-Martin-des-Champs celle de Belleville ; les religieux avaient construit des fontaines, celle St-Lazare entre autres, pour le service des habitants du quartier.

Philippe-Auguste établit dans Paris les fontaines des Halles, des Saints-Innocents, et sans doute la fontaine Maubué qu'il alimenta avec les eaux des deux abbayes, moyennant un arrangement qu'il fit avec elles. Ce sont ces eaux qui suffirent aux Parisiens pendant quatre cents ans, malgré leur mauvaise qualité et leur quantité très-restreinte.

Les concessions particulières furent aussitôt en usage; la première que l'on connaisse est celle que saint Louis accorda au couvent des Filles-Dieu en 1265 ; elles se multiplièrent dans la suite, à un tel point que la disette se fit sentir aux fontaines publiques, et que ceux des habitants qui étaient éloignés de la Seine manquèrent d'eau. Charles VI rendit, le 9 octobre 1392, le premier édit révocatoire applicable à toutes les concessions, sauf à celles des hôtels du roi et des ducs de Berry, de Bourgogne, d'Orléans et de Bourbon.

Les eaux de Paris étaient encore à cette époque les eaux du roi; c'est lui qui faisait les concessions et qui était chargé de l'entretien et des réparations. Ce n'est qu'en 1457 que le prévôt des marchands et les échevins prirent la direction du service des eaux : ils reconstruisirent cette année même l'aqueduc de Belleville, ruiné en partie, sur une longueur de 96 toises. De ce moment, la ville seule semble avoir pourvu de ses deniers à l'édification des fontaines, et, en retour c'est elle qui avait la police et surveillance des eaux publiques, la réglementation et l'octroi des concessions. L'administration et la juridiction appartenaient aux prévôt des marchands et échevins, réunis en un conseil appelé le Bureau de la ville, sous l'autorité duquel un maître fontainier réglait le service, visitait régulièrement les conduites, proposait les réparations ; le bureau statuait sur les difficultés d'exécution.

A l'époque de Louis XII, Paris possédait seize fontaines publiques, douze à l'intérieur, quatre hors les murs ; les concessions étaient redevenues si nombreuses, que ces fontaines devaient recevoir fort peu d'eau : il y avait à peine 300 mètres cubes à distribuer à 260 mille habitants ; c'était un litre à chacun, mais les couvents et les seigneurs en absorbaient la plus grande partie. En 1553 le bureau de la ville dut ordonner que tous les titres de concession seraient représentés dans les vingt-quatre heures, à peine de déchéance ; c'est la première des ordonnances révocatoires émanée de l'autorité municipale ; elle fut suivie de beaucoup d'autres, qui n'eurent pas meilleur effet ; les abus se reproduisirent ; le roi dut intervenir. Par lettres patentes du 23 juillet 1594, Henri IV fait une nouvelle révocation, défend au prévôt des marchands de faire aucune concession, dispose que toutes les eaux doivent être réservées aux fontaines publiques, les conduits réparés et entretenus, punit les détournements de 200 écus d'amende et charge le prévôt de l'exécution de l'édit. En 1598, il n'y avait plus que dix-huit concessions particulières ; les travaux d'édification des fontaines furent payés par un impôt de 7 sous, 6 deniers tournois sur chaque muid de vin entrant dans Paris.

L'usage s'introduisit de faire des concessions à prix d'argent (1598), avec défense d'employer l'eau à d'autres usages qu'aux besoins domestiques ; mais ces concessions n'étaient pas moins révocables et elles furent en effet presqu'aussitôt supprimées (lettres patentes du 19 décembre 1608).

En 1606, Henri IV approuva un projet de pompe destinée à alimenter d'eau de Seine le Louvre et les Tuileries ; malgré la résistance du bureau de la ville, qui prétextait l'intérêt de la navigation, ce travail s'exécuta sur la fin du règne de Henri IV ; il fut construit au Pont-Neuf et s'appela la pompe de la Samaritaine ; les eaux qu'elle élevait appartenaient au roi.

Henri IV avait encore un autre dessein ; il voulait rétablir l'ancien aqueduc d'Arcueil, et donner ainsi un peu plus d'eau aux Parisiens ; il avait fait commencer des fouilles à Rungis, lorsque la mort le surprit. Marie de Médicis les fit continuer, lorsqu'elle construisit son palais du Luxembourg. Les travaux furent donnés à un entrepreneur qui s'engagea à amener à Paris trente pouces (1) d'eau dans un réservoir qui serait construit entre les portes Saint-Jacques et Saint-Michel ; dix-huit pouces devaient appartenir au roi, douze à la ville, et le surplus à l'entrepreneur. L'eau arriva dans les conduits de distribution le 18 mai 1624. Les eaux d'Arcueil furent un peu augmentées dans le courant du XVIIe siècle ; quelques sources donnant vingt-quatre pouces

1. Le pouce fontainier est un orifice d'un pouce superficiel ou de 144 lignes carrées, donnant environ 20 mètres cubes d'eau par 24 heures.

d'eau furent jointes aux anciennes. De nombreuses concessions particulières avaient été accordées sur ces nouvelles eaux qui furent bientôt aussi insuffisantes que les anciennes ; elles furent les unes et les autres révoquées par les lettres patentes du 26 mai 1635, qui ordonnèrent qu'à l'avevenir, les tuyaux particuliers devraient partir des réservoirs publics et non des conduites principales, ce qui était une cause de fraudes et de déperditions, et que chaque concession serait jaugée dans une cuvette de distribution.

En 1669 et 1670, deux entrepreneurs reçurent l'autorisation de construire, au pont Notre-Dame, deux pompes destinées à élever l'une cinquante, l'autre trente pouces d'eau et à alimenter quinze nouvelles fontaines publiques. En même temps le service des eaux était fort amélioré ; le bureau de la ville remit en vigueur d'anciens réglements qui défendaient de planter et de construire le long des pierrées ; il révisa les concessions, autorisa l'établissement d'une nouvelle pompe sous le pont de la Tournelle et acheta celles de Notre-Dame. Ces machines hydrauliques, d'abord trés imparfaites, furent rebâties et perfectionnées au point de vue mécanique au commencement du XVIIIe siècle, elles n'ont disparu qu'en 1858, à l'époque de la reconstruction du pont Notre-Dame.

L'accroissement rapide de Paris rendait le service des eaux de plus en plus insuffisant ; il fallait songer à amener de nouvelles eaux. De Parcieux proposa de dériver celles de l'Yvette, petite rivière qui prend sa source entre Versailles et Rambouillet et qui eût fourni 1000 pouces au moins, cinq fois plus qu'on n'en avait alors (1762).

Lavoisier discuta ce projet et fit voir que si l'on devait se borner à amener 1000 ou 1200 pouces, il serait plus simple de les prendre dans la Seine. Le projet fut repoussé par raison d'économie, il fallait dix-huit millions que l'on n'avait pas. — On se rejeta sur l'eau de Seine : les frères Perier offrirent de construire des pompes à feu, c'est-à-dire des machines à vapeur destinées à élever l'eau, d'établir des conduits et des fontaines de distribution, moyennant un privilège exclusif pendant quinze ans (1777). Ces propositions furent acceptées et les pompes furent, bien à tort, construites à Chaillot et au Gros-Caillou (1782) ; les particuliers purent obtenir des abonnements pour trois, six, ou neuf ans, moyennant cinquante livres par muid fourni en vingt-quatre heures. Les nouvelles machines élevèrent de quatre à huit mille mètres cubes le produit total des aqueducs et machines hydrauliques de Paris, parmi lesquelles il faut comprendre des établissements particuliers comme : les pompes des quais de l'Hôpital et de la Grève, des ports au Plâtre et du Recueillage, des eaux filtrées de la rue de Bourgogne et les bateaux à pompe Charancourt.

En 1782 un ingérieur, M. de Fer de Lanouerre, proposa de dériver les eaux de la Bièvre ; un arrêt du conseil autorisa les travaux qui ne tardèrent pas à être suspendus à raison des plaintes des riverains, c'est-à dire des teinturiers de Paris.

En 1789 les eaux de Paris se divisaient de la manière suivante : 1° eaux du roi ; pompe de la Samaritaine, par tie de celles de Rungis — Arcueil, sous la surveillance de l'intendant général des fontaines de France ; 2e eaux de la ville ; aqueducs de Belleville, et du Pré-Saint-Gervais, pompes de Notre-Dame, partie des eaux d'Arcueil sous la direction du garde des fontaines de la ville ; 3° eaux des pompes à feu de Chaillot, rachetées par la ville en 1788, mais régies provisoirement, jusqu'à parfait remboursement des actions de la Compagnie Perier, par une administration royale dont le prévôt des marchands était surintendant général, le procureur du roi, commissaire, et cinq membres de l'ancienne société, administrateurs. — Il y avait en moyenne quatorze litres d'eau à distribuer par habitant en vingt-quatre heures.

Un projet de dérivation de la Beuvronne produit au commencement de la Révolution n'ayant pas abouti, on songea à celle de la rivière de l'Ourcq, affluent de la Marne, qui avait depuis longtemps attiré l'attention des ingénieurs. Le canal de l'Ourcq fut décrété d'utilité publique par la loi du 29 floréal an X ; il ne fut complètement achevé qu'en 1823 ; il amène aujourd'hui au bassin de la Villette plus de cent mille mètres cubes d'eau de l'Ourcq, de la Beuvronne et du Clignon (depuis 1841). C'était un grand progrès sur l'état de l'alimentation aux premières années de ce siècle, mais le canal a l'inconvénient de servir en même temps à la navigation, de telle sorte que ses eaux sont continuellement souillées par la présence d'une nombreuse population de bateliers ; depuis que des eaux de source ont été amenées en grande quantité à Paris, l'eau du canal n'est plus destinée qu'au lavage des rues et des égouts, à l'alimentation des fontaines monumentales et des cascades du bois de Boulogne.

Un décret du 4 septembre 1807 avait rattaché à la préfecture de la Seine l'administration de toutes les eaux de Paris, y compris celles du canal de l'Ourcq, qui n'était pas encore achevé. Ce décret a eu pour effet de rendre la ville propriétaire de tous les établissements hydrauliques qui appartenaient encore à l'État, c'est-à-dire la pompe de la Samaritaine, la pompe commencée à la gare, l'aqueduc d'Arcueil en partie. Il consolidait en même temps la propriété de la ville sur les établissements de Chaillot et du Gros-Caillou, qui lui avaient été cédés par arrêté du 6 prairial an XI à charge de payer à l'État l'intérêt du capital qu'ils représentaient. Depuis 1807, cet intérêt a cessé d'être exigible ; mais le décret n'a pas dérogé à la clause de l'arrêté qui obligeait la ville à fournir gratuitement de l'eau à tous les établissements publics de Paris. Cette disposition existe encore, et il importe peu que ces établissements aient profité ou non de la faculté qui lui était donnée, que leurs besoins aient ou non augmenté, qu'ils aient ou non été transférés ailleurs depuis l'an XI (C. d'Ét., 24 juin 1858. *V. de Paris*).

A la suite de ce décret, le service de la distribution des eaux fut mis en adjudication.

A part le forage du puits artésien de Grenelle (1833 à 1841), qui produisait, avant le percement de celui de Passy (1855-1861), un peu plus de 900 mille mètres cubes d'eau par jour, la situation ne se modifia pas sensiblement jusqu'à l'avènement du régime impérial. En 1851, on remplaça les pompes de Chaillot par des machines à vapeur plus perfectionnées, qui firent monter sur les hauteurs de Passy vingt mille mètres cubes d'eau destinée au bois de Boulogne et aux bornes fontaines de la rive droite ; plus tard on supprima celles du Gros-Caillou, dont les conduites d'aspiration étaient placées en aval de l'égout des Invalides et on les reporta au pont d'Austerlitz, presque à l'entrée de Paris (1858). D'autres machines furent installées à Maisons-Alfort.

Au commencement de l'Empire, l'administration mit au jours de vastes projets destinés à compléter la distribution de l'eau à Paris ; elle ne pouvait disposer que de 167 mille mètres cubes, il en fallait au moins 100 mille de plus, et personne ne prévoyait qu'en 1860, l'annexion de la zône suburbaine, peuplée de 400 mille habitants, ajouterait encore à la pénurie où l'on se trouvait. Il était urgent d'ailleurs de doter la capitale d'eaux plus pures que celles de la Seine et de l'Ourcq ; on résolut de les demander exclusivement à des sources reconnues bonnes pour la boisson. Les eaux de la vallée de la Somme-Soude, entre Châlons et Epernay remplissaient ces conditions et elles avaient l'avantage d'être très-abondantes, puisqu'elles pouvaient donner 86 mille mètres cubes par jour. M. Belgrand, ingénieur en chef du service de la Seine, en proposa la dérivation (1854). Dans sa séance du 18 mars 1859 le conseil municipal émit l'avis qu'il y avait lieu de poursuivre la déclaration d'utilité publique de l'adduction à Paris des eaux de la vallée de la Somme, et subsidiairement des sources des ruisseaux de Vertus, de Sourdon et de la Dhuys (1) ; le 27 mai suivant, il autorisa le préfet à acquérir les sources de la Dhuys et du Surmelin, dont les propriétaires consentirent peu après la cession amiable ; le 4 mars 1862 un décret déclarait la dérivation d'utilité publique. L'aqueduc fut aussitôt commencé, il mesure 130 kilomètres ; les eaux arrivent aux admirables réservoirs de Ménilmontant, à 80 mètres au-dessus du niveau de la Seine ; ces réservoirs reçoivent aussi, depuis 1866, 40 mille mètres cubes d'eau de la Marne, aspirée et clarifiée à l'usine de Saint-Maur, à Gravelle.

En même temps que les projets de dérivation des eaux de la Dhuys, l'administration avait mis à l'étude un projet analogue sur l'adduction des eaux de la Vanne, rivière qui coule entre la Seine et l'Yonne. A partir de 1860, onze groupes de sources furent successivement achetés à l'amiable par la ville de Paris, et un décret du 19 décembre 1866 déclara l'utilité publique ; les frais de la dérivation étaient déjà presque couverts, quant à l'intérêt de la mise de fonds, par le produit des abonnements à l'eau de la Dhuys. Aussi les travaux se poursuivirent-ils avec rapi-

1. Il avait rejeté trois contre-projets consistant, l'un à élever l'eau de la Seine dans Paris, l'autre à utiliser la chute d'eau du Pont-Neuf, pour la mise en mouvement de turbines destinées à prendre de l'eau dans le fleuve, au pont d'Ivry et un troisième à dériver les eaux de la Loire, au moyen d'un canal de navigation.

dité et, momentanément interrompus par les événements, purent être déterminés en 1874 ; les eaux de la Vanne arrivèrent à Paris le 22 juin de cette année. Nous parlerons ailleurs des oppositions violentes qui furent faites à ces dérivations de la Dhuys et de la Vanne de la part des riverains : elles soulevèrent aussi les discussions passionnées au Conseil général des ponts-et-chaussées ; si les premières peuvent encore paraître fondées, le temps a fait justice des secondes ; personne ne conteste plus aujourd'hui que ces travaux n'aient été un grand bienfait public pour la capitale.

Les eaux de la Vanne donnent aujourd'hui 120 mille mètres cubes d'eau par vingt-quatre heures ; elles sont emmagasinées à Montsouris, d'où elles ne tarderont pas à se répandre dans tout Paris, même sur les hauteurs de Montmartre et dans les quartiers de la Villette et de Belleville. Les réservoirs de Montsouris contiennent une réserve de 300 mille mètres cubes d'eau ; ils reçoivent aussi les eaux d'Arcueil, où des travaux sont en cours d'exécution, pour augmenter leur débit de 50 mille mètres cubes.

Lorsque ces ouvrages et la canalisation de l'eau de Montsouris dans Paris seront terminés, l'administration, disposant de plus de 400 mille mètres cubes d'eau (1) par

1. La ville de Paris a acquis récemment deux nouvelles sources, dans le département d'Eure-et-Loir, elles doivent augmenter de 200 mille mètres cubes le volume d'eau affecté à la consommation privée. Les *travaux d'adduction* n'ont pas encore été commencés, croyons-nous.

jour, sera en mesure de pourvoir abondamment à tous les services publics et privés, au moyen d'un double système de conduites, les premières destinées à l'arrosage, aux égouts et à tous les usages communs, les secondes consacrées aux usages privés, c'est-à-dire aux fontaines publiques et aux concessions particulières. L'usage des concessions, de plus en plus répandu, a fait disparaître les anciennes fontaines marchandes et les porteurs d'eau ; quant au service public il est fait pas les fontaines publiques et monumentales, les fontaines Wallace (1), les bornes-fontaines, les bouches d'arrosement, d'incendie, etc...

On ne peut donner que des éloges à la manière dont le service des eaux à Paris a été conçu et exécuté, pendant le dernier quart de siècle ; grâce à l'excellent système d'alimentation rationnelle qui a prévalu, un grand progrès a été réalisé ; chaque famille parisienne peut ou pourra bientôt avoir à bas prix et à tous les étages, son robinet d'eau de source limpide et abondante pour tous les usages domestiques. Il n'y a pas de service d'une utilité plus immédiate.

1. En 1872, sir Richard Wallace fit les frais des cent fontaines qui portent son nom.

PREMIÈRE PARTIE

De l'adduction des eaux publiques

Une commune à laquelle ne suffit plus le débit de ses fontaines, de ses puits, de ses citernes, peut employer trois moyens principaux pour se procurer l'eau nécessaire à l'alimentation des êtres vivants qui la composent.

Elle peut d'abord demander aux sources le supplément d'eau qùi lui manque, ou obtenir une prise d'eau sur une rivière ou enfin attirer à la surface du sol une partie des eaux souterraines. — Le maire est chargé d'examiner préalablement les avantages et les inconvénients de chacun des projets qui lui sont soumis par les ingénieurs ; il fait dresser les plans et devis, le soumet au Conseil municipal, qui prend une délibération. Cette délibération est exécutoire, si la dépense nécessaire pour l'exécution du projet, ne dépasse pas les limites des ressources ordinaires et extraordinaires que les communes peuvent se créer sans autorisation spéciale. Dans le cas contraire, la délibération du Conseil et les plans et devis doivent être approuvés par le préfet (art. 68 et 114 de la loi du 5 avril 1884).

Le Conseil municipal règle encore, sous les mêmes conditions d'approbation, quel sera le mode d'exécution des travaux, si un marché sera passé, ou si la commune consentira une concession ; dans le premier cas, le maire joindra au projet un cahier des charges renfermant les clauses du marché, touchant les obligations de l'entrepreneur, les conditions de l'adjudication, le mode et l'époque des paiements. Il est de règle que les marchés soient adjugés avec concurrence et publicité au soumissionnaire qui fait les offres les plus avantageuses ; il ne pourrait être passé de traité de gré à gré que dans le cas de nécessité absolue, d'urgence, dans l'hypothèse aussi où une première adjudication n'aurait donné aucun résultat (1). (ordonnance 14 nov. 1837). La ville pourrait aussi consentir une concession ; ici l'entrepreneur s'engage à exécuter le travail à la condition d'être remunéré de ses soins et dépenses, non par une somme d'argent que lui paie directement la commune, après l'achèvement des travaux, mais par la perception de la redevance, qu'il sera autorisé à lever sur les particuliers, qui auront obtenu un abonnement à l'eau des fontaines publiques (2).

Sauf convention contraire, la concession ne crée pas, au profit de l'entrepreneur de distribution d'eau, un monopole

1. Ces traités, lorsqu'ils sont passés par les villes ayant trois millions de revenu, sont soumis à l'approbation par décret (art. 115 et 145 loi mun.).

2. L'approbation est donnée par décret, si la concession a été faite à titre exclusif et pour une durée de plus de 30 ans, par une ville ayant plus de trois millions de revenu (art. 115 et 145. Loi municipale).

pour la vente de l'eau, et la commune pourrait parfaitement autoriser un autre individu à placer des conduites sous les rues et à passer des abonnements (Req. 25 juillet 1882).

Les travaux du concessionnaire entrent immédiatement dans le domaine de la commune ; mais jusqu'à l'expiration de la concession, ils sont grevés du droit de péage qui appartient à l'entrepreneur ; la commune ne prend la libre disposition des ouvrages que lorsque la concession a pris fin ou qu'elle a été rachetée (1).

Les travaux d'adduction de l'eau se composent de plusieurs opérations, c'est d'abord l'établissement d'ouvrages au point d'origine, c'est-à-dire soit la captation de la source, soit la prise d'eau, le forage d'un puits, etc..., c'est ensuite un aqueduc à construire, des réservoirs à édifier, les tuyaux de conduite à établir sous la voie publique, des fontaines à ériger. Tous ces travaux, faute d'entente amiable, peuvent donner lieu à une expropriation pour cause d'utilité publique ; ils seront déclarés d'utilité publique et autorisés par décret en Conseil d'Etat.

L'expropriation est ouverte aux travaux communaux, même exécutés par voie de concession ; les concessionnaires, dit l'article 63 de la loi du 3 mai 1841, « exerceront tous les droits conférés à l'administration et seront soumis à toutes les obligations qui lui sont imposées par cette loi. »

1. Nous ne parlons pas des entreprises privées de distribution d'eau; elles ne font pas partie de notre sujet. Disons seulement qu'elles ne peuvent s'établir sans une autorisation municipale.

On sait aussi que les travaux communaux sont dispensés des formalités prescrites par les articles 8 à 10 de la même loi, c'est-à-dire de l'avis de la commission spéciale, qui siège auprès du préfet ; l'arrêté de cessibilité est pris en conseil de préfecture, après avis du sous-préfet (art. 12).

Les travaux communaux sont des travaux publics, au même titre que les travaux de l'État et des départements, à la condition qu'ils intéressent la généralité des habitants de la commune ; ce caractère d'utilité publique appartient aux ouvrages dont nous traitons, et qui sont dès lors de la compétence du Conseil de préfecture, ou des tribunaux civils, suivant les distinctions établies par la loi du 28 pluviôse, an VIII, article 4. On admet généralement qu'il faut comprendre parmi les *entrepreneurs*, dont parle cet article, les concessionnaires d'un travail public ; nous appliquerons cette interprétation à la matière qui nous occupe, et nous pourrons poser comme règle générale, que toutes les difficultés qui pourraient s'élever entre la commune et l'entrepreneur, l'adjudicataire ou le concessionnaire d'un travail communal ayant pour objet la canalisation des eaux de cette commune devront être portées au Conseil de préfecture ; la compétence judiciaire devra, au contraire, être maintenue pour toutes les contestations entre l'entrepreneur et les particuliers, autres que celles qui auraient pour objet le paiement d'indemnités pour torts et dommages provenant du fait personnel des entrepreneurs, ou à raison de terrains pris ou fouillés pour l'exécution des ouvrages.

Rappelons pour terminer qu'avant 1789, à Paris, c'était l'autorité municipale qui jugeait, en premier ressort, les contestations qui surgissaient à l'occasion des travaux de canalisation de l'eau ; le roi ne s'était réservé que le règlement des indemnités qui pouvaient être dues aux particuliers, mais il avait délégué au Bureau de la ville, conseil formé de la réunion du prévôt des marchands et des échevins, la compétence juridictionnelle sur toutes les autres difficultés, en même temps que le pouvoir de décision et d'action, en lui permettant : « de faire creuser, fouiller « et retrancher par tous héritages qu'il conviendrait, tant « pour faire les pierrées, regards et réservoirs à eau, que « pour les canaux et tuyaux dans et au travers d'iceux ; « et ce, tant dans la ville de Paris, qu'ès environs et en « tous lieux, où seront trouvées les eaux disponibles et « sera besoin... défendant à toutes personnes de les y « troubler et empêcher les ouvriers qui y seront employés ; « de ce faire, donnant pouvoir et autorité auxdits prévôt « et échevins.... voulant que tout ce qui sera par eux fait « et ordonné pour ce regard soit promptement exécuté... « défendant et interdisant à tous juges et officiers quel- « conques de prendre aucune connaissance et juridiction « des faits ci-dessus, circonstances et dépendances, qui « avaient été et étaient attribuées au prévôt des marchands « et échevins privativement à tous autres » (Lettres-patentes d'Henri IV, 15 octobre 1601).

Ces pouvoirs du bureau de la ville ont été plusieurs fois renouvelés et reconnus par les rois, au XVIIe et au XVIIIe siècles ; ils ne dataient pas, du reste, de l'époque d'Henri IV, qui ne fit que légaliser l'existence d'une institution datant probablement du moment où la municipalité parisienne prit la direction des travaux de la ville, au lieu et place du roi.

CHAPITRE PREMIER

DU DÉTOURNEMENT DES EAUX DE SOURCE

Si la commune possède dans son domaine privé une source qui y prend naissance, rien ne l'empêchera d'exécuter des travaux propres à l'amener à ses fontaines ; sinon, elle acquerra la propriété d'une source voisine, qui répondra le mieux possible aux conditions d'abondance, d'hygiène, de facile adduction. Nous sommes amené à nous demander qui est le propriétaire d'une source et quels sont les droits, autres que la propriété, qui peuvent exister sur une source ?

1. — *De qui la commune devra acquérir la propriété de la source.*

Art. 641. du C. civ. — *Celui qui a une source dans son fonds peut en user à sa volonté, sauf le droit que le propriétaire du fonds inférieur pourrait avoir acquis par titre ou par prescription.*

Cette disposition est une application de l'article 552; la propriété du sol emporte la propriété du dessus et du dessous; et de l'article 544, en vertu duquel la propriété est le droit de jouir et de disposer des choses de la manière la plus absolue, pourvu qu'on n'en fasse pas un usage prohibé par les lois et réglements.

La source appartient au propriétaire du fonds dans lequel elle se trouve; c'est l'endroit où elle sort de terre, le *caput aquæ*, qui détermine l'héritage auquel elle est incorporée; il n'est pas nécessaire, pour que cette règle s'applique, qu'elle jaillisse naturellement du sol; le propriétaire du fonds a les mêmes droits sur la source, qu'il a découverte au moyen de sondages et amenée à la surface par des conduits.

La règle que la source appartient au maître du sol est générale, mais non absolue. C'est seulement une présomption qui peut être renversée par la preuve contraire; il a même été jugé que si, une source se trouvant dans la propriété d'un particulier, les habitants d'une commune ont été, depuis un temps immémorial, dans l'usage constant d'y laver leur linge, d'y abreuver leurs bestiaux, d'en effectuer le curage, la source sera présumée la propriété de la commune, s'il y a absence de titres en faveur du propriétaire du fonds où elle se trouve (Caen, 29 juill. 1825). La cour de Pau a décidé dans le même sens qu'une fontaine, sur laquelle personne ne justifie de son droit de propriété, appartient à la commune (14 mars 1831). Les tribunaux devront dans la solution de ces questions de fait, s'inspirer des circonstances et surtout du caractère et de l'ancienneté de la possession. A défaut de titres, c'est le possesseur qui sera préféré.

Le propriétaire de la source a sur elle des droits absolus; il peut à son choix :

1° Lui laisser son cours naturel ; dans ce cas ses obligations se bornent à ne pas altérer la pureté des eaux, de façon à les rendre impropres aux usages domestiques (Cass. 27 avril 1857).

2° Modifier le cours de l'eau, la faire serpenter dans sa propriété et même la déverser d'un côté opposé à celui où elles coulaient naturellement, à charge toutefois d'obtenir le consentement du propriétaire inférieur, qui ne peut être grevé malgré lui d'une servitude qui ne dérive pas de la situation naturelle des lieux (Reg. 27 février 1855, *Coiffard*).

3° Absorber complètement les eaux dans des réservoirs ou dans un étang, sans qu'il y ait à distinguer, comme le veulent quelques auteurs (1), si l'usage qu'il en fait a pour cause l'amélioration ou l'agrément de sa propriété, ou s'il n'agit que *animo vicino nocendi* (2). Cette distinction n'est écrite nulle part dans la loi.

1. Arrêt du parlement de Paris, 16 juillet 1605. Delvincourt I. 157 : Pardessus, I. 78 ; Daviel, III. 895 ; Proudhon, II. 220 ; Metz, 16 novembre 1826.

2. En ce sens : Toullier III. 131 ; Duranton. V. 174 ; Demolombe XI. 66 ; Aubry et Rau, III. 244 ; Cass. 29 janv. 1840.

Les droits du propriétaire sont d'autant plus entiers que les eaux provenant d'une source ne constituent pas dans la propriété où elles prennent naissance un cours d'eau soumis au pouvoir réglementaire de l'administration (C. d'Et. 25 déc. 1858 : 1er mars 1860 ; 14 mars 1861) (1), et que, sauf le cas de servitude, elles ne sont pas non plus régies par l'article 645 du Code civil, dont nous parlerons plus loin (Cass. 27 janv. 1840, *Bourdon* ; 11 avril 1843, *Ville de Brignolles*). Rien ne vient donc mettre obstacle, jusqu'à présent, à ce que la commune, devenue propriétaire d'une source, détourne tout ou partie de ses eaux pour l'alimentation de ses fontaines ; il nous faut examiner maintenant quelles restrictions peuvent être mises à son droit.

2. — *Quelles sont les restrictions au droit de la commune sur la source.*

La commune a acquis la source ; elle veut en détourner les eaux, le peut-elle ? Oui, si elle tient de son auteur une propriété pleine, entière, sans aucune limitation ; mais le propriétaire de la source peut avoir perdu le droit de changer le cours du ruisseau qu'elle produit, s'il a établi ou laissé établir des servitudes au profit des propriétaires inférieurs, ou s'il se trouve dans le cas prévu par l'article 643.

1. Le Sénat a admis sur ce point une modification à la législation : si le cours d'eau est devenu navigable et flottable dans la propriété où il prend naissance, l'administration a droit de le réglementer (Discussion sur le Code rural).

1° *Des servitudes établies par titre.* — Le titre est la concession volontaire, émanée du propriétaire de la source ; c'est la cause efficiente du droit de servitude, qu'il y ait ou non un écrit pour en faire foi (1). Il ne faudrait donc pas considérer comme un titre assurant l'écoulement des eaux sur le fonds inférieur, le réglement administratif réglant l'usage de l'eau entre les riverains, ou l'autorisation accordée à l'un d'eux, par un ancien seigneur, avant 1789, d'établir un moulin sur la rivière que grossit la source. Ces actes rendus dans les limites du droit de police de l'ancienne ou de la nouvelle administration, ne peuvent avoir pour effet de dépouiller le propriétaire de son droit absolu de disposition (2).

La convention pourra stipuler le droit de servitude avec différentes formes, au choix des contractants ; ce sera, par exemple, le droit pour le propriétaire du fonds inférieur de puiser de l'eau à tel endroit déterminé, de dériver tout ou partie de la source sur son terrain, de jouir de l'eau d'une façon périodique ou continue, etc.

Dans toutes les hypothèses où le titre est clair et précis, la servitude sera maintenue dans les termes mêmes du contrat ; mais il arrivera souvent que la convention aura besoin d'être interprêtée; quelles sont les règles qui devront guider le juge ? Voici les principales : le juge devra d'abord

1. En sens contraire M. Pardessus qui entend le mot *titre* dans le sens d'*écrit* (II. n° 242).

2. Daviel, n° 768 ; Demolombe, Servit. I. p 84 ; Dumay, sous Proudhon. IV. 225. Contrà : Pardessus n°s 93 et suiv.

examiner si l'écoulement de l'eau se fait à titre de servitude active ou de servitude passive ; dans le doute, on présumera que le propriétaire a voulu décharger sa propriété d'un trop plein ; en second lieu, il y aura lieu de distinguer entre la servitude constituée à titre gratuit et celle constituée à titre onéreux ; au premier cas, le propriétaire sera présumé n'avoir cédé que le superflu des eaux ; au second, l'interprétation sera plus large en faveur de l'acquéreur ; enfin, on devra entendre cette clause : le propriétaire cède les eaux au-dessous de lui, en ce sens qu'il abandonne l'excédant de sa consommation, et ne s'interdit pas une large jouissance. Dans tous les cas, il conservera un droit d'irrigation modérée, compatible avec l'exercice de la servitude.

2° *Des servitudes établies par prescription. Art.* 642.— *La prescription ne peut s'acquérir que par une jouissance non interrompue, pendant l'espace de trente années, à compter du moment où le propriétaire du fonds inférieur a fait et terminé des ouvrages apparents destinés à faciliter la chute et le cours de l'eau dans sa propriété.*

La plupart de nos anciennes coutumes n'admettaient pas que le droit du propriétaire de la source pût être paralysé, par la possession même immémoriale d'un riverain inférieur. Dumoulin, dans ses notes sur les conseils d'Alexandre (1), disait : « *dominum posse suo commodo divertere vel retinere aquam, quæ oritur, vel labitur in fundo suo, in*

1. Vol. 5. cons. 69.

« *præjudicium vicini, qui etiam per tempus immemoriale* « *usus est eâdem aquâ in fundum suum labenti.* » C'était d'ailleurs, un principe admis par la majorité des provinces que celui-ci : nulle servitude sans titre (Pâris, art. 186 : Normandie, 607).

Le Code civil a adopté une théorie contraire, qui existe en germe dans quelques coutumes (Lorraine, tit. XIV art. 4). — La servitude peut s'acquérir par prescription trentenaire si elle est à la fois, continue, apparente, et fondée d'ailleurs sur une possession qui remplisse les conditions de l'article 2229. Il faut appliquer ces principes à notre matière ; les ouvrages doivent, en premier lieu, avoir un caractère continu ; il a été jugé, notamment, que le curage, même frégemment répété, d'un ruisseau ne peut fonder aucune possession (1) ; cela est évident ; l'article 642 parle d'ouvrages matériels, et il faut ajouter permanents, adhérents au sol ; des travaux provisoires ou mobiles ne suffiraient pas pour remplir le vœu de la loi ; il est indispensable que leur fixité avertisse le propriétaire du danger que court son droit de disposition.

En second lieu, les travaux doivent être apparents. Faut-il conclure des termes de l'article 642, que la loi exige une construction, une digue, un aqueduc, un barrage ? On décide généralement que l'importance des travaux doit s'apprécier d'après la grandeur et les besoins du fonds pour lequel ils sont exécutés, ainsi une rigole peut,

1. Bourges, 11 juin 1828 ; en sens contraire : Proudhon, n° 1376.

dans certains cas, paraître suffisante pour constituer une occupation de l'eau *jure servitutis* (Bordeaux, 5 juillet 1833, *Bousselу*).

D'autre part, il est admis que la loi n'exige pas la condition d'apparence sur toute l'étendue de l'ouvrage, il suffit, pour qu'un aqueduc souterrain soit réputé apparent, que des regards, placés de distance en distance, en signalent publiquement l'existence (Daviel, II. 343 ; Delvincourt, I. 382 ; Duranton, V. 180, appuyés sur un arrêt de rejet du 13 avril 1830).

A quelles conditions les travaux apparents de l'article 642 peuvent-ils fonder une prescription ?

Première condition. — Les travaux doivent avoir été faits par le propriétaire qui veut prescrire. C'est à lui à rapporter la preuve, que les ouvrages ont été exécutés par ses ordres et dans l'intérêt de son fonds. Nous allons dire tout-à-l'heure que ces ouvrages doivent avoir été au moins amorcés sur le fonds où naît la source ; il résulte de là qu'un propriétaire inférieur ne pourrait se prévaloir des travaux, que le maître de l'héritage supérieur aurait faits dans l'intérêt de cet héritage pour faciliter l'écoulement des eaux, quand bien même ces travaux, et ce sera le cas ordinaire, auraient eu pour résultat de « faciliter la chute et le cours de l'eau » sur le fonds inférieur. La preuve appartient à celui qui invoque la servitude acquise et non à celui qui soutient la liberté de la propriété ; les servitudes ne se présument pas (1).

1. Proudhon, n° 1370 ; Daviel, n° 772.

Deuxième condition. — Il faut que les travaux apparents aient été exécutés sur le fonds supérieur.

Cette question, tranchée aujourd'hui par une jurisprudence constante, a été très controversée. Il importe de connaître les éléments de la discussion.

La négative se fonde sur deux sortes d'arguments :

1° *Un argument historique* tiré des travaux préparatoires. Lorsque le projet fut présenté au Conseil d'État, il ne contenait, à la place des articles 641 et suivants, que le seul article 637 qui disposait : « Celui qui a une source dans son fonds peut en user à sa volonté. » Lors de la discussion, Berlier demanda que l'on voulût bien sauvegarder les intérêts du propriétaire inférieur, que l'on ne peut priver subitement des avantages du cours de l'eau, « surtout, disait-il, lorsqu'il y a eu des ouvrages faits en considération de cet état de choses (1). » Regnaud (de Saint-Jean d'Angely) et le consul Cambacérès appuyèrent l'amendement de Berlier en ce qui concerne le propriétaire qui aurait fait les travaux « dans le fonds inférieur » et une nouvelle rédaction fut proposée à la séance suivante ; l'article 637 du projet était maintenu et on le faisait suivre de deux articles nouveaux : 638. « Il ne peut néanmoins changer le cours donné à l'eau, lorsque le propriétaire du fonds inférieur en a acquis l'usage ou par titre ou par une possession suffisante. » 639 : « La prescription, dans ce cas, ne peut s'acquérir que par une jouissance non inter-

1. Fenet. XI, 257.

rompue pendant l'espace de trente années, à compter du moment où le propriétaire du fonds inférieur a fait et terminé des *ouvrages extérieurs*, destinés à faciliter la chute et le cours de l'eau dans sa propriété. » A la section de législation du Tribunat, il s'éleva une discussion sur le point de savoir si les ouvrages extérieurs doivent avoir été exécutés sur le fonds supérieur, ou s'il suffit qu'ils le soient dans le fonds inférieur; la conclusion de cette controverse fut que l'opinion de Berlier, de Regnaud et de Cambacérès avait prévalu au Conseil d'État. La section demanda seulement que l'on éclaircit la rédaction de l'article. Les deux propriétés peuvent être séparées par un mur, qui empêche le propriétaire du fonds supérieur d'apercevoir les travaux exécutés sur l'autre fonds; leur caractère *extérieur* ne suffit pas pour les défendre de la clandestinité. La section proposait en conséquence de substituer aux mots de *travaux extérieurs*, ceux de *travaux apparents* (1).

Cette modification eut lieu dans le projet qui fut soumis au Corps législatif; c'était une satisfaction donnée à ceux qui soutenaient les droits du propriétaire de la source, mais il n'en restait pas moins certain, que des travaux sur le fonds inférieur suffisaient pour fonder une possession valable (2).

2° *Un argument juridique*. — Le propriétaire inférieur tient sa jouissance de la situation des lieux, et l'expiration du délai de trente ans fait présumer que le propriétaire supérieur a renoncé à troubler la possession de son voisin

1. Fenet. XI, 285.
2. *Eod.* 305.

et a ratifié l'œuvre de la nature. Cette possession, il l'a connue par les ouvrages extérieurs qui provoquaient une contradiction ; il pouvait en empêcher la continuation, il ne l'a pas fait ; à lui seul de s'imputer à faute de n'avoir pu conserver, non la jouissance, mais la libre disposition des eaux de la source.

« La nature des choses, dit M. Aucoc, s'oppose à ce que les principes généraux s'appliquent dans les relations entre le propriétaire de la source et les riverains du cours d'eau alimenté par la source. L'eau qui s'échappe de la source est en effet destinée à l'usage des riverains sur tout son parcours, et ceux-ci ne peuvent être assujettis à demander le consentement du propriétaire de la source pour acquérir des droits à la jouissance de l'eau (1). »

L'affirmative est plus suivie en doctrine et universellement adoptée en jurisprudence. Elle répond au premier argument de la négative : la discussion au Conseil d'État ne prouve rien; sans doute, l'opinion de Berlier a été admise, et elle consacre un droit pour le propriétaire inférieur qui a fait des travaux, mais on n'a pas discuté la question de l'emplacement de ces travaux. Regnaud, il est vrai, a dit ceci : « L'usage a établi que la propriété des eaux s'acquiert par la jouissance, toutes les fois qu'il a été fait dans le fonds inférieur des constructions pour en profiter » ; mais, si l'on admet que les idées de Regnaud ont été consacrées par la loi, ne faut-il pas accepter sa théorie entière

1. En ce sens : Delvincourt, I, 539 ; Pardessus, Serv. 101 ; Zachariæ, II, 236 ; Marcadé, sur l'article 642 ; Demante, II, n° 493 *bis*.

et reconnaître, contrairement à l'évidence, que la *propriété* des eaux s'acquiert par la jouissance? Les partisans de la négative ne vont pas jusque là. Remarquons que la rédaction adoptée à la suite du débat ne fournit aucun argument à la théorie que nous combattons ; elle ne spécifiait nullement où devaient avoir été exécutés les travaux *extérieurs*.

La discussion qui eut lieu ensuite au Tribunat, à propos des observations que la section de législation dut présenter sur cet article, paraît au premier abord plus concluante, mais il ne faut pas perdre de vue que l'avis émis par cette section n'est qu'une autorité, une opinion personnelle susceptible d'être combattue, et le meilleur argument qui nous semble pouvoir être invoqué pour la réduire à néant se trouve dans la rédaction de l'article 642 lui-même ; en quels termes en effet cet article désigne-t-il les ouvrages apparents? Ils sont « destinés, » nous dit-il, « à faciliter la chute et le cours de l'eau » dans le fonds inférieur ; or la chute est le passage plus ou moins rapide de l'eau du fonds supérieur dans le fonds inférieur, et pour faciliter ce passage, il est indispensable que les travaux soient au moins amorcés sur l'héritage d'où vient la source. S'il en était autrement, les termes de notre article perdraient leur signification naturelle.

Supposons, pour un instant, que la loi n'ait pas tranché la question et que le mot *chute* n'existe pas. Il nous faudrait alors chercher dans les principes la solution du litige. Pour prescrire, il faut, en premier lieu, posséder la chose d'autrui ; or cette condition ne se rencontre pas, lorsque le propriétaire inférieur construit des ouvrages sur son propre héritage. Quel droit pourrait-il être en voie de prescrire sur une eau qui n'appartient plus au maître de la source, depuis le moment où elle a quitté sa propriété, et quelle contradiction opposerait-il à la libre jouissance de ce dernier? A quels étranges résultats arrive du reste la doctrine que nous combattons, puisqu'elle oblige l'un des voisins à contrôler les actes de l'autre, même ceux qui ne sont que l'exercice du droit de propriété, et à interrompre une prescription qui ne peut commencer, par un moyen que l'on se garde bien d'indiquer ?

Si nous passons au second argument de nos adversaires, qui consiste à dire : il s'agit ici d'une servitude, qui dérive de la situation des lieux et à laquelle les règles des servitudes établies par le fait de l'homme ne sont pas applicables, nous ferons remarquer que les articles 641 et 642 ne traitent nullement des servitudes naturelles ; le titre ou la prescription qui les fait acquérir est une renonciation positive ou présumée de l'homme, et dans le cas dont nous nous occupons, le propriétaire inférieur a changé par son fait, avec l'aide d'une abdication tacite des droits du propriétaire supérieur, la situation que lui faisait la disposition naturelle des lieux.

Les partisans de la doctrine à laquelle nous croyons devoir nous rallier, sont obligés de reconnaître que, si cette théorie est bien celle de la loi, elle a l'inconvénient de rendre bien peu pratique l'application de l'article 642, et cela pour deux raisons, l'une, c'est que les constructions édifiées sans droit sur le fonds d'autrui exposeraient leur auteur à être poursuivi comme coupable de voies de fait et seraient perdues pour lui ; l'autre, parce que ces ouvrages auraient bien rarement quelque utilité, s'ils étaient placés à une si faible distance de la source (1).

Le gouvernement, préoccupé des inconvénients de cet état de choses, avait, dans le projet de Code rural du 24 janvier 1880, proposé une modification à l'article 642 : « Le propriétaire d'une source ne peut plus en user au préjudice des propriétaires des fonds inférieurs qui, depuis plus de trente ans, ont fait et terminé, soit sur les fonds supérieurs, soit sur leur propre fonds, des ouvrages, etc. » Le Sénat a rejeté cette innovation comme attentatoire aux droits de la propriété (Séance du 11 juillet 1883) ; mais il a admis un correctif : « Si, dès la sortie du fonds où elles surgissent, les eaux de source forment un cours d'eau offrant le caractère d'eaux publiques et courantes, le propriétaire ne peut les détourner de leur cours naturel, au préjudice des usagers inférieurs. »

Faut-il restreindre l'application de l'article 642 au propriétaire du fonds immédiatement inférieur ?

On l'a soutenu en se fondant sur les motifs suivants :

1. Cass., 25 août 1812, etc. (*Jurisprudence constante*).
Henrion de Pansey. *Juges de paix*, XXVI, § 4 ; Toullier, III, 635 (il avait d'abord admis l'opinion contraire) ; Duranton, V, 181 ; Proudhon, n° 1372 ; Garnier, III, 728 ; Demolombe, XI, 79 ; Taulier, II, 364 ; etc.

1° les articles 641 et 642 ne parlent que du propriétaire du fonds inférieur ; 2° si les travaux étaient exécutés sur un fonds éloigné, ils ne pouvaient être connus du propriétaire de la source. Ce deuxième argument est présenté par les partisans de la doctrine que nous avons combattue sur l'emplacement des travaux ; quant au premier, il paraît peu sérieux ; les articles 641 et 642 s'occupant des rapports du propriétaire supérieur avec chacun des riverains, qui sont tous, relativement à lui, des propriétaires d'*un* fonds inférieur. Nous pensons donc que les propriétaires de ces fonds médiats pourront prescrire, à charge d'avoir obtenu des propriétaires intermédiaires, l'autorisation de faire leurs travaux, condition d'ailleurs étrangère au propriétaire de la source (1).

Nous n'irons pas néanmoins jusqu'à admettre, avec M. Demolombe, que la prescription pourra s'accomplir au profit d'un propriétaire non riverain, qui aurait pratiqué des travaux sur le fonds où naît la source. Pourrait-on dire de lui qu'il a fait des travaux destinés à faciliter la chute et le cours de l'eau dans sa propriété ? L'article 642 entend certainement parler du cours naturel du ruisseau ; les termes dont il se sert ne peuvent s'appliquer qu'à un riverain ; il n'est pas permis à l'interprête de comprendre le mot *faciliter* dans le sens de *dériver*.

3° *Des servitudes acquises par la destination du père de famille.*

(1) Duranton V, 185 ; Demante II, 493 ; Daviel III, 772 ; Demolombe XI, 81.

L'article 641 ne mentionne pas ce mode d'établissement de la servitude, mais il a été jugé que la destination du père de famille s'applique également aux eaux de source, parce qu'il est de règle générale qu'elle est un mode de constitution des servitudes continues et apparentes (art. 692) (1). Cette opinion soutenue par la plupart des auteurs (2), recevra son application si le fonds dans lequel naît la source vient à être partagé en deux héritages, alors qu'il existe des conduites pour transporter les eaux de l'un sur l'autre. L'état de choses existant au moment de la division sera maintenu et le fonds contenant la source sera grevé envers l'autre d'une servitude de jouissance.

4° *De la servitude légale de l'article* 643.

Les droits du propriétaire de la source peuvent enfin être limités par le voisinage d'une commune ou d'un hameau, dont les habitants ont un besoin urgent de l'eau de la source.

Cette disposition de la loi sera expliquée dans la section suivante.

5° Faut-il admettre un cinquième cas où la jouissance du propriétaire est limitée au moins quant à son droit de disposition ? Nous voulons parler de l'*abandon à la communauté irrigative.*

Cette nouvelle dérogation aux droits du propriétaire a été proposée pour la première fois par un arrêt de la chambre des requêtes du 22 mai 1854 (*Lemarié*) ; cet arrêt décide que le proprétaire perd le droit de disposer de ses

1. Cass. 30 juin 1841 (Levêque).
2. Toullier III, 605 ; Duranton V, 176 ; Garnier II, 42 et 311.

eaux lorsqu'elles ont été *volontairement abandonnées à la communauté irrigative*, « qu'elles prennent dans ce cas le caractère d'eaux publiques et courantes, et que la loi crée, en faveur des riverains, des droits qui modifient ceux du propriétaire primordial. »

L'abandon à la communauté irrigative paraît résulter du fait par le propriétaire d'avoir abandonné l'eau de sa source à son cours naturel, en la laissant couler soit sur une partie du domaine public, un chemin par exemple (1), soit dans un cours d'eau qu'elle contribue à former (2) ; dans ces deux hypothèses, les eaux ont perdu, dit-on, le caractère d'eaux privées, et le propriétaire, son droit exclusif de disposition. Dans ce système, le droit du propriétaire ne resterait entier que si la source ne grossissait aucun ruisseau, et l'article 641 ne s'appliquerait, pour laisser au maître la disposition de son bien, que si cette eau restait stagnante et disparaissait insensiblement, en s'infiltrant dans le sol, à peu de distance du lieu d'origine et sans avoir donné naissance à un cours d'eau. Que si, au contraire, un cours d'eau se forme, prend une existence légale, est soumis à des réglements administratifs et donne naissance à des droits au profit des usiniers et des arrosants, comment admettre qu'il dépende du propriétaire de la source de le faire disparaître (3)?

1. Rouen, 18 septembre 1853 (Lemarié).
2. Rouen, 16 juillet 1857 (Hubin).
3. V. en ce sens le discours de M. Lenoël au Sénat dans la discussion de la loi sur le régime des eaux (Séance du 25 janvier 1883). Dubreuil et Garnier, n°s 63 et 64.

La cour de cassation n'a pas admis ces principes qui menaçaient de faire disparaître du Code l'article 641. Elle a décidé que les eaux d'une source ne perdent pas, au point où elles sortent de terre, leur caractère d'eaux privées, par le seul fait qu'elles se réunissent plus tard à un cours d'eau et que, sur ce cours d'eau, se sont établies, sans opposition de la part du propriétaire (il n'y eut en aucun droit), des usines et des prises d'eau depuis plus de trente ans. Le propriétaire conserve sur elles son droit d'entière appropriation (1) ; pour qu'il l'eût perdu, il faudrait qu'il eût manifesté son intention par un acte de sa volonté clairement et librement exprimée.

M. Dalloz qui admet la doctrine de la cour de cassation en ce qui concerne les petites rivières, pose des principes différents pour les sources qui donnent naissance à des rivières navigables. Le propriétaire n'a pas le droit, dit-il, d'en détourner le cours. L'ordonnance de 1669 et le Code placent ces cours d'eau dans le domaine public ; sera-t-il permis de porter atteinte à leur intégrité, contrairement au principe de l'ordonnance de Moulins, en supprimant les *veines nourricières* qui alimentent le fleuve et qui font corps avec lui ? On ne peut faire indirectement ce qu'il n'est pas permis de faire directement ; s'il en était autrement, il n'y aurait bientôt plus de fleuves en France (2).

Nous repousserons, avec M. Daviel (3), la théorie de

1. Cass. 8 février 1858 (Hubin) ; Rouen, 4 février 1824 (Adeline) Daviel II. 367.

2. Répertoire V° Servitudes n° 161 162.

3. II. 369.

M. Dalloz ; ses craintes sont chimériques ; s'il est possible à la rigueur de tarir un ruisseau, nous ne croyons pas que l'absorption des eaux entières d'un fleuve soit chose possible. Le fût-elle, le remède est à côté du mal, on expropriera le propriétaire. -- En droit, on ne peut pas dire davantage qu'une source est une partie intégrante du fleuve, sans être du domaine public. Une rivière n'appartient au domaine public qu'à partir du moment où elle est navigable ou flottable ; en amont de son point de navigabilité, elle constitue un cours d'eau d'une autre classe, soumis à d'autres réglements ; plus haut encore, vers la source, elle appartient aux riverains, et n'est plus qu'un ruisseau, enfin à sa source elle est soustraite à l'autorité administrative et ne forme pas même un cours d'eau ; les quatre sections de son parcours sont autant d'éléments différents, et, quoiqu'ils fassent partie d'un même tout, on ne peut appliquer à l'un les règles qui régissent l'autre.

3. — *Des modes d'acquisition de la source par la commune.*

1. — *De l'acquisition de la jouissance de la source.*

La commune peut se prévaloir de l'article 643 du Code civil, si elle se trouve dans les conditions prévues par la loi ; sinon elle peut acquérir, par titre ou par prescription, une servitude d'usage sur une source du voisinage ; nous n'avons pas à répéter ce que nous venons de dire de cette servitude dans la section précédente, et nous passons immédiament à l'explication de l'article 643.

Du droit de jouissance légale.

Article 643. — « *Le propriétaire d'une source ne peut en changer le cours, lorsqu'elle fournit aux habitants d'une commune, village ou hameau, l'eau qui leur est nécessaire; mais si les habitants n'en ont pas acquis ou prescrit l'usage, le propriétaire peut réclamer une indemnité, laquelle est réglée par experts.* »

Nous sommes en présence d'une restriction grave aux droits du propretaire ; car, si la privation qu'on lui impose a pour fondement l'intérêt général, elle n'a pas pour garantie l'expropriation pour cause d'utilité publique.

Dans l'ancien droit, cette disposition n'existait pas ; il fallait ou bien que la commune eût un titre, ou qu'elle eût prescrit, selon les coutumes, par la possession immémoriale ou par la possession trentenaire, dans les mêmes conditions qu'un particulier. Le Code consacre, dans notre article, une servitude légale de jouissance au profit de la commune, sur les eaux de toute source nécessaire à ses besoins, située ou non sur son territoire, moyennant une indemnité à payer au propriétaire. Peu importe d'ailleurs que ce propriétaire soit un particulier, une commune, une personne morale ou même l'Etat, la loi ne distingue pas.

L'article 643 est une dérogation aux principes généraux

du droit ; il doit donc être interprêté restrictivement ; c'est pourquoi nous admettons qu'il ne s'applique pas :

1° Aux eaux autres qu'une source, par exemple aux citernes, puits, étangs, fontaines stagnantes, ces eaux n'ayant pas de cours, ne tombent pas sous l'application de la loi (En ce sens Proudhon IV, p. 275 ; Daviel, III, 825 ; Marcadé, sous l'article 643 ; Demolombe, XI, 91 ; Poitiers, 26 janvier 1825, *c. de Thezenay* ; Nîmes, 24 novembre 1863, *Laupiez* ; Dijon, 9 novembre 1866) ;

2° Au droit du propriétaire de faire des fouilles dans son terrain, dussent-elles avoir pour résultat d'intercepter les eaux d'une fontaine communale (Cass., 29 nov. 1830, *c. de Gagnon* ; Grenoble, 5 mai 1834, *Sapprieux* ; Cass., 15 janv. 1835, *c. de Fayence*, etc... Daviel, III, 894 ; Garnier IV, 471 ; Dumay, sous Proudhon, IV, 1547, note 6 ; Demolombe XI, n° 92) ;

3° Aux habitants de maisons isolées, bien qu'il y ait également là, dit M. Proudhon (IV, 1386), « des besoins d'humanité et d'agriculture à satisfaire. » Il y aura seulement lieu pour les tribunaux d'examiner si une grande exploitation industrielle ou agricole, comprenant un grand nombre de ménages, constitue un hameau au sens de la loi (Pardessus I, 138 ; Demolombe XI, 93 ; Zachariæ II, 36 ; Colmar, 5 mai 1809, *Strub* ; Limoges, 13 mai 1840, *Papel*). — Si un particulier avait acquis successivement toutes les habitations dont se compose le hameau, il conserverait la jouissance des eaux, bien qu'il n'eût pu l'acquérir (Bordeaux, 4 décembre 1867) ;

4° Au cas où l'eau de la source n'est pas *nécessaire* à la vie des habitants. La simple utilité ne serait pas prise en considération, « il ne suffit pas que les eaux de la source soient d'un usage plus agréable ou plus commode aux habitants, il faut qu'elles leur soient nécessaires » (Cass., 4 mars 1862); la proximité d'un cours d'eau détruirait ce caractère de nécessité (Orléans, 23 août 1856).

L'article 643 ne saurait recevoir d'application, si l'eau de la source était employée, par exemple, à la mise en mouvement d'un moulin, servant à la mouture des grains et à l'approvisionnement de la commune ; quelle que soit en effet l'utilité, la nécessité même d'un moulin, cette nécessité n'est pas permanente et journalière comme celle d'une prise d'eau pour boire ; et tandis que rien ne peut remplacer l'eau pour la boisson, on pourra substituer à la force motrice de l'eau, celle du vent ou de la vapeur (En ce sens : Proudhon IV, 1386 ; Daviel, n° 789 ; Demolombe XI, 94 ; *Contra :* Garnier III, 745 ; Toullier II, 134 ; Duranton V, 187).

La même solution devrait être donnée si, au lieu de servir de force motrice, l'eau était employée aux besoins de l'agriculture et à l'irrigation des fonds (Pardessus I. n° 138).

C'est à l'autorité judiciaire qu'il appartient de juger la question de nécessité, conformément aux principes qui viennent d'être exposés ; elle doit également tenir compte de l'étendue des besoins de la commune, afin de n'iigrflne au propriétaire qu'une privation de jouissance égale à la nécessité publique.

Faut-il ajouter à nos restrictions que l'article 643 ne comporte pas de *droit de passage* ? La charge imposée au propriétaire de la source consiste-t-elle uniquement à l'empêcher de donner au cours d'eau une autre direction, ou bien, si la disposition des lieux ne se prête pas à ce mode de jouissance, permet-elle aux habitants de pénétrer dans le fonds pour y puiser de l'eau ?

L'article 643 fournir un argument à ceux qui refusent la servitude du passage à la commune : » Le propriétaire ne peut en changer le cours, lorsqu'elle fournit... » pour rester dans les termes de la loi, il faut décider que la seule obligation qui dérive pour le propriétaire de l'article 643 est celle de ne pas modifier la direction de l'eau : « On ne saurait ajouter à cette servitude, dit M. Domolombe (XI, 96), l'exorbitante aggravation qui grèverait son fonds d'un droit de passage, au profit des habitants de tout un village et qui le mettrait dans l'impossibilté de se clore. » (Dans le même sens Daviel III. 788 — Cass. 5 juillet 1864, *Rateau* ; Bordeaux, 6 décembre 1864 ; Agen, 31 janvier 1865 ; Dijon, 5 avril 1871).

L'opinion contraire nous paraît mieux fondée. L'eau ne saurait être prise que là où elle est ; les habitants ont sur elle un droit qui dérive de la loi ; il importe qu'ils arrivent jusqu'à elle ; si le propriétaire se trouve lésé, il demandera de ce chef une indemnité. Quant à la clôture, elle ne sera pas impossible ; seulement le propriétaire fera régler par la justice quels seront les jours et les heures où la servitude devra s'exercer (Proudhon IV. 1381 ; Dalloz, répert. Servit. n° 179).

De l'indemnité.

L'indemnité due au propriétaire doit être réglée par le juge de la situation des lieux, après expertise, si elle n'a pu être convenue à l'amiable. Elle sera calculée sur le préjudice que le propriétaire éprouvera de la perte partielle de jouissance et non sur le profit qu'en retirera la commune ; il suffit que le propriétaire soit indemnisé du dommage dont il souffre. Ces principes devront être observés s'il ne s'agit d'imposer au propriétaire d'autre gêne que celle de ne pas changer le cours de son eau, c'est-à-dire le maintien du *statu quo* ; il en serait autrement si la commune voulait capter les eaux entières de la source pour le service de ses fontaines ; elle devrait dans ce cas recourir à l'expropriation.

Une indemnité n'est due que si les habitants n'ont pas déjà acquis ou prescrit l'usage de la source.

L'acquisition par titre ne donne pas lieu à difficultés, il n'en est pas de même de la prescription ; l'article 643 parle-t-il d'une prescription acquisitive de l'usage de l'eau, ou d'une prescription libératoire de l'action en indemnité ?

« Il faut, dit M. Proud'hon (IV. 1389), défenseur de la première solution, que les habitants aient fait et terminé sur le fonds de la source, les ouvrages apparents et destinés à attirer et à assurer le cours de l'eau vers leur village ou hameau, ou qu'il y ait eu de leur part quelque acte de contradiction formé contre le propriétaire, pour l'empêcher de disposer autrement de son ruisseau, et qu'il se soit écoulé trente ans de jouissance paisible depuis la confection de ces ouvrages, ou la notification de cet acte. Dans ce cas, ils ne devront rien au propriétaire de la source, tandis que s'ils n'avaient pas prescrit leur droit, ils ne pourraient exiger l'usage du ruisseau qu'en lui payant une indemnité (V. aussi, Grasse, 24 janvier 1844, *Ce de Tourettes*).

On s'appuie, pour soutenir cette opinion, sur l'article 643, qui ne parle que de la prescription de l'usage et non de celle de l'indemnité, et sur l'idée suivante : le propriétaire, en laissant couler son ruisseau, fait un acte de pure faculté ; il ignore que son eau est nécessaire aux habitants ; aucune prescription ne peut courir contre lui, si les habitants ne le mettent par des travaux exécutés sur son fonds, dans l'alternative de solliciter une indemnité ou d'y renoncer.

Cette observation, juste en soi, ne peut trouver place ici ; les habitants ont droit à la jouissance de l'eau par le seul effet de la loi, du moment qu'elle leur est nécessaire ; ils n'ont pour cela aucun ouvrage à faire, aucune prescription à acquérir ; leur droit d'usage n'est pas le résultat d'un acte de simple tolérance du propriétaire, mais d'une servitude légale ; cela est si vrai, qu'ils pourraient exercer l'action possessoire, si le propriétaire voulait changer la direction de l'eau, à supposer qu'ils aient eux-mêmes une possession annale. L'accomplissement de la prescription ne peut donc en rien consolider leur droit, qui est préexistant ; elle servira seulement à les libérer de l'indemnité, qu'ils doivent depuis le jour du commencement de leur jouissance (Duranton V. 189 ; Demolombe XI. 98 ; Pardessus I. 138 ; Zachariæ II. 38 ; Marcadé, tom. 643 ; Daviel, III. 778).

Dans les contestations que pourra soulever l'application de l'article 643, le juge devra examiner : 1° si la jouissance a eu le caractère d'une véritable possession ; 2° si la jouissance a été vraiment communale, c'est-à-dire exercée par la généralité des habitants et non par quelques individus isolément.

L'exercice du droit d'usage de la commune n'empêche pas le propriétaire d'user modérément de son eau pour ses besoins particuliers et même pour l'irrigation de son fonds ; il suffira qu'il ne diminue pas le volume des eaux, dans une proportion assez forte pour rendre illusoire la servitude dont sa source est grevée. Cette règle est applicable à toutes les servitudes d'usage de l'eau qui ont été acquises par prescription.

L'article 643 peut donner lieu à un conflit entre deux communes dont l'une est propriétaire de la source et dont l'autre prétend avoir la jouissance en vertu de cette disposition de la loi. Il est arrivé quelquefois que des préfets ont cru pouvoir trouver, dans le pouvoir réglementaire qu'ils ont sur tous les cours d'eau, le droit de faire le partage des eaux entre les deux ayant-droit : leur arrêtés étaient entachés d'excès de pouvoir, car les sources échappent aux réglements administratifs ; la contestation était essentiellement judiciaire (C. d'Et. 3 août 1866 ; 7 décembre 1870 ; *c. de Villeneuve*). Dans cette hypothèse, les droits de la commune propriétaire sont limités par ceux de la commune usagère, si celle-ci se trouve dans les conditions exigées par l'article 643.

2. — *De l'acquisition de la propriété de la source*

La commune pourra obtenir du propriétaire la cession de la source et, s'il y a lieu, du terrain avoisinant, pour l'établissement des ouvrages ; l'acquisition amiable est le mode d'achat préféré des communes, car dans l'état de la législation et de la jurisprudence, il est le moins onéreux. Mais, à défaut d'entente amiable avec le propriétaire, la commune pourra recourir à l'expropriation pour cause d'utilité publique ; elle en solicitera du gouvernement la déclaration, qui sera faite par décret. L'expropriation ne peut atteindre la source seule sans le terrain d'où elle jaillit.

Il n'y a pas de difficultés sur la légitimité de l'expropriation dans l'intérêt d'un travail public communal, si elle a lieu sur le territoire de la commune qui la poursuit ; mais on s'est demandé *si une commune peut exproprier une source comprise dans le périmètre d'une autre commune ?*

La question s'est présentée, dans la pratique, à l'époque des grands travaux hydrauliques de la ville de Paris, sous le second Empire.

Deux délibérations du Conseil municipal des 15 avril

et 27 mai 1859 avaient autorisé le préfet de la Seine à acquérir, pour le compte de la ville, les sources de la Dhuys et du Surmelin, pour en amener les eaux à Paris, et à poursuivre la déclaration d'utilité publique ; ces projets soulevèrent des critiques nombreuses. Les conseils élus du département de la Marne firent remarquer le préjudice considérable, que les plans en voie d'exécution devaient causer au pays ; ils entraînaient la suppression de soixante-cinq moulins alimentant vingt-cinq mille âmes ; l'irrigation des terres, la santé des hommes, étaient compromises par le dessèchement de toute la contrée. Les intérêts d'un département ne devaient pas être sacrifiés, disaient-ils, à la satisfaction des besoins d'utilité et d'agrément de la ville de Paris, qui pouvait se servir de l'eau de Seine ; aucune indemnité ne pourrait compenser le dommage causé à ces habitants, privés de la faculté de faire moudre leurs grains et d'arroser leurs prairies.

Des protestations d'un caractère plus juridique furent présentées à l'empereur par les conseils de l'Yonne et de la Marne, en 1865, lors des travaux d'adduction des eaux de la Vanne ; elles attaquèrent la légalité du décret déclaratif de l'utilité publique.

« L'utilité publique, disaient-ils, ne peut exister que « dans trois hypothèses :

« 1° L'utilité publique de l'Etat qui comprend l'univer-« salité des citoyens ;

« 2° L'utilité publique départementale applicable aux « intérêts généraux d'un département ;

« 3° L'utilité publique communale qui ne s'étend « qu'aux seuls habitants d'une même commune et dans « son territoire.

« En dehors de ces trois cas, la loi n'a pas prévu l'uti- « lité publique ; celle-ci doit toujours être directe et jamais « relative ; ce serait donc au mépris de tous les principes « qu'on pourrait l'invoquer de département à département, « de commune à commune.... L'intérêt de la ville de « Paris tiendrait ainsi en échec celui de toutes les com- « munes de la France. »

Ces considérations très sérieuses doivent être rapprochées de cette idée que l'expropriation est permise et réglée par la loi dans le but de subordonner les convenances particulières aux exigences de l'utilité publique, mais que, si l'intérêt individuel doit s'incliner devant l'intérêt supérieur de l'être collectif dont il fait partie, l'existence de l'association est essentielle pour donner une base à l'utilité publique ; il ne peut y avoir d'utilité communale de commune à commune, parce qu'aucun lien n'engage les uns envers les autres les citoyens qui ne font pas partie de la même réunion d'habitants.

M. Proudhon (1) admet, en thèse générale, que « l'on ne peut pas, pour satisfaire un intérêt purement communal, se transporter hors de son territoire à l'effet d'exproprier un étranger, qui n'est tenu d'aucun engagement envers la société locale, dans l'intérêt de laquelle on voudrait lui

1. Dom. privé, II, 686.

faire subir ce sacrifice. » Mais il pose immédiatement à ce principe deux exceptions, dont l'une concerne notre sujet. La commune qui n'a pas de source sur son territoire, a le droit d'obtenir, par l'expropriation, la propriété de celle qui se trouve dans les limites d'une commune voisine et il invoque l'argument suivant : « L'eau est un élément qui, comme nécessaire à la vie de l'homme et des animaux, est offert au genre humain ,sans aucune des distinctions territoriales qui peuvent affecter les immeubles ayant une situation fixe et permanente. » Cela est si vrai, ajoute-t-il, que l'article 643 s'applique, que la source se trouve ou non sur le territoire du village qui en a besoin ; c'est une expropriation d'une espèce particulière ; rien ne s'oppose à ce que, pour pourvoir aux mêmes besoins, la ville recoure à l'expropriation proprement dite, l'esprit du Code étant favorable à cette solution.

M. Proud'hon reconnaît d'ailleurs à la commune où se trouve la fontaine, un droit de préférence sur les eaux, si elles sont nécessaires à ses besoins « puisque c'est à elle que la Providence en avait offert le service en premier ordre. Cette restriction est très importante, et, en pratique, elle est tout l'intérêt de la question. En 1859 et en 1865 toute la discussion portait sur le point de savoir, si la ville de Paris avait le droit de forcer des communes étrangères à lui céder les eaux dont elles avaient besoin, soit pour l'alimentation de leurs fontaines, soit pour l'irrigation des terres, soit pour la mouture des grains. Aussi nous semble-t-il que cette concession de M. Proud'hon est la condamnation de sa théorie. Si nous admettons qu'une commune n'a le droit d'en priver une autre de ses eaux que lorsqu'elles lui sont inutiles, nous tombons dans l'arbitraire, car les besoins d'une agglomération d'habitants sont variables et, ce qui a été légitime il y a quelques années, pourrait bien ne plus l'être aujourd'hui. Nous pensons que l'exception proposée ne doit pas être maintenue; l'insuffisance de ses motifs est évidente, et, s'il est vrai que l'eau est offerte au genre humain sans aucune distinction territoriale, il est certain d'autre part que les habitants d'un territoire ont droit, avant tous autres, à l'eau qu'il renferme : « *Flumen est populi cujus intra fines fuit,* » dit le jurisconsulte Grotius (1), et hors le cas de guerre, il est contre le droit des gens de la leur enlever.

Le décret du 4 mars 1862, déclarant d'utilité publique le canal pour la dérivation de la Dhuys, fut attaqué et déféré au Sénat comme inconstitutionnel. Le Sénat a voté l'ordre du jour. Ce décret constituait en effet un excès de pouvoir, si l'on veut bien admettre l'illégalité d'une expropriation extra-communale ; mais aucun recours n'est ouvert contre un acte du pouvoir exécutif rendu par délégation de la loi, le gouvernement est juge de l'utilité publique, et peut-être considérait-il l'alimentation de Paris comme un service intéressant l'État tout entier. Ajoutons que pour mettre fin à toutes les discussions, la ville de Paris s'est empressée d'acquérir à l'amiable les eaux dont elle avait besoin.

1. *De jure belli et pacis* (II, 2).

M. Cotelle (IV, 884) conteste, lui aussi, la légalité d'un décret déclarant d'utilité publique les dérivations importantes de sources : « Il s'agit ici d'une question d'intégrité du territoire » et non plus « d'un simple débat entre l'intérêt public et l'intérêt privé, qui doit fléchir devant l'autre », nous sommes en présence des questions les plus graves « le produit de la contribution foncière, des patentes et des centimes additionnels communaux et départementaux, l'industrie, l'agriculture, la salubrité publique d'un vaste territoire. » Il faut une loi pour que l'on puisse porter atteinte à des intérêts aussi importants (loi du 18 juillet 1837, art. 4).

Pour nous résumer, nous pensons aussi qu'il faut une loi pour prononcer une expropriation extra-communale, mais c'est par la raison que la loi de 1841 ne l'a pas prévue, et qu'en l'absence de réglementation, il faut recourir à l'autorité législative, seule compétente pour autoriser une atteinte à l'inviolabilité de la propriété.

Le projet de Code rural s'occupe de l'expropriation des sources ; il contient les dispositions suivantes : les communes pourront, pour le service de leurs fontaines, exproprier soit l'immeuble qui contient la source, soit tout ou partie du volume des eaux, sans l'immeuble (art. 111) ; l'expropriation atteindra les servitudes acquises par titre ou par prescription sur les eaux de la source (art. 112).

Il donne des garanties au maintien du régime des eaux et de la constitution géologique du sol, en disposant que les projets de dérivation seront soumis au Comité consultatif d'hygiène publique et au Conseil général des ponts-et-chaussées (art. 114); et que l'acte portant déclaration d'utilité publique, déterminera le volume d'eau maximum qui sera dérivé, le volume de l'eau reconnu nécessaire aux habitants des communes, villages ou hameaux, et le volume d'eau minimum que les communes s'engagent à restituer en temps d'étiage (art. 116).

Qu'arriverait-il si la commune avait fait commencer les travaux de dérivation sans avoir obtenu un décret déclaratif d'utilité publique, malgré l'opposition du propriétaire?

Le propriétaire pourrait certainement s'adresser à l'autorité administrative pour lui demander de faire surseoir à l'exécution, mais pourrait-il porter sa réclamation devant les tribunaux judiciaires? Il est constant que l'autorité judiciaire n'est pas compétente pour ordonner la suspension ou la destruction de travaux publics (Cass., 15 mars 1881, *c. de Vaison*); mais d'autre part il n'y a de travaux publics que ceux qui ont été régulièrement autorisés, et la juridiction civile, gardienne du droit de propriété, connaît de toutes les usurpations dont il est l'objet; elle aurait, dans notre espèce, le droit de faire discontinuer les travaux. exécutés au préjudice d'un particulier qui serait reconnu légitime propriétaire de la source (Loi du 8 mars 1810, articles 14 et 15; Confl. 29 nov. 1879; Civ. rej., 2 juin 1875).

La même solution devrait être donnée, si l'administration avait fait commencer les travaux, avant la fin de la procédure de l'expropriation. Lors de l'exécution des travaux de fortification de Paris en 1843, le ministre de la Guerre avait donné l'ordre de prendre possession d'un terrain compris dans l'expropriation, mais qui avait été l'objet d'un pourvoi en cassation, contre le jugement du jury d'expropriation. Le propriétaire, après une sommation de délaisser, restée sans résultat, s'adressa à la justice ; le juge des référés et la Cour de Paris ordonnèrent l'évacuation dans les cinq jours, *etiam manu militari* ; le ministre dut donner des ordres dans ce sens (arrêté du 27 juin 1843, *aff. de Saint-Albin*. V. aussi C. d'Ét., 15 déc. 1858, *Sellenot*).

Il en serait de même si les travaux prenaient des proportions excédant les termes et les prévisions du décret déclaratif d'utilité publique ; il y aurait là une voie de fait qui serait justiciable des tribunaux ordinaires ; seulement les tribunaux devraient surseoir s'il s'élevait une contestation sur la compréhension de l'autorisation administrative ; ils ne peuvent examiner au fond ni la déclaration d'utilité publique, ni l'arrêté de cessibilité (Cass. 14 nov. 1876, 9 avril 1877), et doivent se borner à en constater l'existence et la régularité extérieure. L'appréciation des actes administratifs échappe à leur juridiction ; c'est ainsi qu'ils n'ont pas à vérifier non plus si les travaux ont été l'objet d'une adjudication, et qu'ils ne pourraient, en l'absence d'une adjudication régulière, dénier aux travaux communaux leur caractère de travaux publics, dans le but d'en ordonner la discontinuation (Tr. confl. 14 nov. 1879).

4. — *Des indemnités dues aux riverains par la commune.*

La commune qui a détourné une source doit-elle une indemnité à tout autre que le propriétaire ? Et d'abord quelles sont les personnes qui se trouvent lésées par les travaux de dérivation ?

Ce sont tous les riverains en général, car ils ont tous jusqu'au point de navigabilité du cours d'eau, un droit de jouissance sur l'eau qui borde ou qui traverse leur héritage (art. 644 du C. civ.) ; un droit de pêche, qui est leur propriété (loi du 15 avril 1829, art. 2), enfin le droit d'établir des usines, moyennant l'obtention d'une autorisation administrative.

L'existence de tous ces droits ne pourra néanmoins faire obstacle à l'exercice du droit absolu de disposition qui appartient à la commune, en sa qualité de propriétaire, que si les riverains qui les possèdent se trouvent encore remplir les conditions des articles 641 et 642 ; la loi en effet ne prévoit d'autre restriction au *jus abutendi* du maître de la source, que si les propriétaires inférieurs ont acquis, par l'un des moyens que nous avons essayé de déterminer, une servitude sur les eaux de la source. Lorsque cette servitude n'existe pas, les riverains peuvent bien user des prérogatives que leur donne la loi, mais ils ne sont pas fondés à se plaindre de la suppression totale ou partielle des eaux, sur le cours desquelles ils n'ont pas de droit, au sens des articles sus-énoncés.

En piatique, cette servitude d'usage est rarement établie par titre ; elle l'est moins souvent encore par prescription, nous avons dit pourquoi ; dans la plupart des cas, rien ne viendra s'opposer à la dérivation projetée par la commune. La jurisprudence ne reconnaît aucune valeur juridique à des travaux apparents existant sur le cours de la rivière que forme la source, aux barrages, par exemple, destinés à former des chutes d'eau, ou aux vannes des usines et des prises d'eau pour l'irrigation des prairies ; ces ouvrages, fussent-ils munis d'une autorisation administrative ou établis depuis plus de cent ans, ne donnent à leur propriétaire aucun droit à la jouissance et à la force motrice de l'eau.

Quant au droit de pêche, il est vrai qu'il est la propriété des riverains (loi de 1829, art. 2) et que s'il intervient une déclaration de navigabilité, une indemnité fixée par le jury doit leur être allouée (art. 3) ; mais il ne donne pas droit à une certaine hauteur d'eau, son existence est subordonnée à l'existence de la rivière sur laquelle il s'exerce.

L'administration elle-même ne peut s'opposer au détournement d'une source ; les réglements qu'elle peut prendre ne sont pas applicables à la partie du cours d'eau, qui est comprise dans le fonds où jaillit la source ; ils ne peuvent donc imposer au propriétaire de cette source l'obligation de la rendre aux riverains inférieurs, en réglant le droit d'usage de ces derniers ; un arrêté préfectoral qui méconnaîtrait ces principes serait entaché d'excès de pouvoir (C.

d'Et. 25 déc. 1858; 1er mai 1860; 14 mars 1861, etc.).

Ces principes furent plusieurs fois appliqués par les tribunaux judiciaires, dans une série d'affaires intéressant le sujet qui nous occupe.

Une ordonnance royale du 31 décembre 1837, avait autorisé la ville de Dijon à acquérir à l'amiable ou au moyen de l'expropriation et à dériver, pour le service de ses fontaines, une source, dite du Rosoir, située à douze kilomètres de la ville. Un aqueduc en maçonnerie fut élevé, sous la direction de l'ingénieur Darcy, et terminé le 6 septembre 1840. Les réclamations surgirent aussitôt; deux propriétaires d'usines, anciennement établis sur la rivière du Suzon, qui est alimentée en partie par les eaux du Rosoir, actionnèrent la ville en dommages-intérêts. Le tribunal de Dijon, dans son jugement du 17 février 1842, condamna leurs prétentions par ce motif, que les usiniers n'avaient pas fait, sur le fonds supérieur, de travaux susceptibles de leur procurer l'acquisition par prescription du cours d'eau.

La Cour de cassation, qui n'eut pas à se prononcer dans l'affaire de Dijon, confirma, dans un autre procès, la manière de voir du tribunal de cette ville dans la question du détournement des sources pour l'alimentation des fontaines publiques.

La Compagnie des eaux du Hâvre avait acquis les sources de Saint-Laurent, pour en amener la plus grande partie aux fontaines de Rouen ; ces sources s'écoulaient dans la rivière de Gournay, sur les bords de laquelle avaient été installées des usines assez nombreuses. La dérivation opérée, les usiniers se plaignirent de la diminution de force motrice qui en résultait et du préjudice qu'éprouvaient leurs établissements ; ils prétendirent avoir acquis un droit d'usage sur les eaux de la source de Saint-Laurent, au moyen de travaux apparents, exécutés sur le cours de la rivière qu'elle grossissait ; ces travaux étaient les barrages, prises d'eau et autres ouvrages, qu'ils avaient construits pour le service de leurs usines. Ils assignèrent la Compagnie des eaux, à fin de s'entendre condamner à rendre la source à son cours naturel.

La Compagnie défendit son droit de propriétaire, en invoquant la jurisprudence de la Cour suprême, et le tribunal de Rouen lui donna raison, dans son jugement du 26 novembre 1856. En appel, les usiniers firent valoir leurs droits à la propriété de la force motrice, acquise par plus d'un siècle de possession, et les intérêts supérieurs de l'industrie ; ils obtinrent le 16 juillet 1857, de la Cour de Rouen, un arrêt infirmant le jugement de première instance, par les motifs suivants :

« Attendu qu'il est prouvé par des actes dont la date est certaine que les usines possédées par Hubin, sur la rivière de Gournay, formée en partie de l'eau des sources Saint-Laurent, ont une existence de plus de cent années, qu'elles ont été construites avec et au su du propriétaire de ces sources, dans le but unique d'y trouver la force motrice dont elles avaient besoin...

« Attendu... qu'il ne s'agit pas de faire fléchir, par la prescription, le droit du propriétaire d'une source devant un intérêt individuel d'ailleurs respectable, mais devant l'intérêt collectif des propriétaires de nombreux établissements industriels, assis depuis un temps reculé sur un cours d'eau, que les eaux de cette source ont contribué à former ; qu'en décider autrement, ce serait reconnaître en faveur du propriétaire des sources, au grand dommage de l'agriculture, de l'industrie et même de l'intérêt public, le droit d'affamer les ruisseaux publics, les rivières et même les fleuves qui font la richesse d'une nation. »

Ces motifs, bien qu'ils puissent paraître empreints d'une certaine exagération, seraient sans doute de nature à faire impression sur le législateur, chargé de réformer la loi ; ils parurent insuffisants à la Cour de cassation, qui se montra plus respectueuse du droit de propriété et appliqua sa jurisprudence avec les motifs ci-dessous :

« Attendu que l'arrêt attaqué constate en fait que Hubin n'a établi sur le fonds supérieur aucun ouvrage apparent, destiné à faciliter le cours de l'eau... qu'il suit de là que la prescription n'a pu courir à son profit.

« Attendu que d'aucuns des faits énoncés dans ledit arrêt et notamment de la construction des usines de Hubin, sur la rivière de Gournay, alimentée en partie par les sources de Saint-Laurent, en un point inférieur à ces sources, il ne résulte nullement que les cours de ces sources aient perdu, au point où elles surgissent du terrain appartenant à la Compagnie des eaux du Hâvre, leur caractère d'eaux privées, restant à la disposition libre et absolue de ladite Compagnie... qu'ainsi, elle a pu disposer pour l'alimentation des fontaines publiques et particulières de la ville de Rouen.

« Rejette... »

Hubin C. Compagnie des eaux du Havre.
(Cass. 8 février 1858).

Les cours et tribunaux tentèrent parfois, sans succès, disons-le, d'échapper à la jurisprudence de la Cour de cassation. Le tribunal de Béziers jugea, dans une affaire de dérivation de source, que les usiniers n'avaient sur les eaux de la rivière à laquelle elle donnait naissance, ni un droit de copropriété, ni un droit de servitude, mais un droit innommé, un droit à la force motrice, qu'il n'y avait aucun lien entre eux et le propriétaire de la source et que la ville ne pouvait exciper de sa qualité de propriétaire, pour refuser la réparation du préjudice; reconnaissant dans la cause un dommage résultant de travaux publics, le tribunal avait renvoyé les riverains à se pourvoir au conseil de préfecture pour faire régler l'indemnité. Si le jugement avait été confirmé purement et simplement, les usiniers auraient été indemnisés; mais la Cour de Montpellier le dénatura en essayant de le renforcer; elle ajouta en effet, que les riverains, auxquels ne pouvait s'appliquer dans la cause l'article 642 du Code civil, interprété par la Cour de cassation, ayant négligé de faire, en temps voulu, devant le jury qui avait exproprié la source, les réclamations prescrites par l'article 21 de la loi du 3 mai

1841, étaient déchus de toute action devant le jury, et qu'en conséquence, ils n'avaient plus de recours que devant le conseil de préfecture. La Cour de cassation n'eut pas à casser l'arrêt, qui ne lui fut pas déféré, mais le Conseil d'Etat, sur appel de la décision du conseil de préfecture, dut constater que les usiniers avaient perdu toute action, car la juridiction administrative ne statue sur les indemnités à allouer, en cas de dommages résultant de travaux publics, que pour les préjudices qui ne sont pas de nature à être réparés par les décisions du jury d'expropriation.

Villarel C. com. de Bédarieux.
(C. d'Et. 15 avril 1868).

Le propriétaire de la source a-t-il droit à une indemnité spéciale, pour la privation de la force motrice que cette source procurait à une usine, qu'il a établie dans son fonds, et en sa qualité de premier riverain ?

La question s'est présentée dans la pratique de la façon suivante : un usinier des environs de Nevers avait acheté, pour le service de son usine, une source qui prenait naissance dans un terrain contigu à sa propriété. La ville de Nevers poursuivit contre lui l'expropriation de cette source et du terrain qui le contenait, et elle dériva les eaux pour le service de ses fontaines ; le propriétaire, outre l'indemnité représentative de la valeur de la source, réclama au jury une indemnité pour le préjudice que l'expropriation causait au fonctionnement de son usine. Le succès de sa demande était incertain : l'expropriation avait divisé les deux fonds ; quels droits le propriétaire du fonds inférieur, l'usinier, pouvait-il faire valoir sur l'usage de l'eau qui découlait du fonds supérieur, propriété de la ville ? Il n'avait pu ni se donner un titre, ni prescrire contre lui-même ; les tribunaux voudraient-ils reconnaître la destination du père de famille, dans l'acquisition et l'usage de l'un des fonds pour l'utilité et l'amélioration de l'autre ? Le tribunal de Nevers admit la prétention de l'usinier dans son jugement du 12 juin 1866 ; ses motifs ne précisent pas parfaitement quelle était la nature du droit jugé susceptible de motiver une indemnité spéciale.

« Attendu que la ville de Nevers, pour se soustraire à l'obligation de payer des indemnités, invoque les dispositions des articles 641 et suivants du C. Nap. ; que cette prétention serait fondée, si Boigues et consorts n'étaient pas devenus propriétaires de la fontaine, avant le jugement d'expropriation ; qu'en effet, dans ce cas, ils n'auraient eu de chance de faire admettre leur demande, qu'autant qu'ils auraient acquis des droits de servitude sur la fontaine, soit par titre, soit par prescription, mais qu'étant propriétaires, on ne pouvait les déposséder que moyennant une juste indemnité. »

La cour de cassation rejeta le pourvoi contre un arrêt confirmatif de la cour de Bourges, et reconnut l'existence d'une propriété distincte, la force motrice, en déclarant que les défendeurs « lorsqu'ils ont été expropriés de la source qui constituait, en partie, la force motrice de leur usine, ont eu incontestablement le droit de demander une indemnite, non seulement pour la terre et la source de Linay, mais en outre pour le préjudice, que le détournement des eaux de la dite fontaine devait nécessairement causer à leurs héritages et à leurs industries. »

Ville de Nevers C. Boigues. (Cassation 27 mai 1868).

L'application des articles 641 et 642 du Code civil est une question exclusivement judiciaire, car elle touche à la propriété et à ses démembrements ; nous verrons plus bas qu'elle ne peut être résolue par le jury d'expropriation, qui est cependant une émanation du pouvoir judiciaire ; elle ne peut être tranchée non plus par aucun tribunal administratif, en vertu du principe de la séparation des pouvoirs. Tout corps administratif qui serait saisi par un particulier d'une demande d'indemnité, fondée sur le préjudice qu'il éprouverait du détournement des eaux d'une source, devrait, si le principe de la réparation était contesté, renvoyer au tribunal de première instance, la solution des questions préjudicielles suivantes : quels sont les droits de la commune propriétaire ? Quels sont les droits des usiniers ? Il ne pourrait prononcer sur le fonds de l'affaire qu'après la décision judiciaire ; tous les arrêts du Conseil d'État sont en ce sens (10 mars 1864, *Ce de Salmagne*, 9 février 1865, *Ve de Nevers*, 15 avril 1868, *Villarel, C. Ce de Bédarieux*, 25 avril 1873, *van Robais*). Nous ne pouvons mieux faire, que de reproduire ici une partie des observations présentées par M. l'Hôpital, commissaire du gouvernement, dans l'une de ces affaires.

« Le Conseil de préfecture de la Nièvre était saisi d'une

demande d'indemnité pour diminution de la force motrice, résultant de l'exécution, par la ville de Nevers, d'un travail public pour l'alimentation de ses fontaines, à savoir la dérivation des eaux de la Pique. On lui demandait l'application de l'article 48 de la loi du 16 septembre 1807. Il était compétent *ratione materiæ*. Il a bien fait de le reconnaître. Mais la ville de Nevers opposait à cette demande ainsi formulée, le droit absolu que lui donnait l'article 641 C. Nap. sur la source, née dans le fonds dont elle est propriétaire. Le Conseil de préfecture ne s'est pourtant pas arrêté. Il a déterminé les droits de la ville de Nevers et ceux des requérants, comme l'autorité judiciaire aurait pu le faire (faut-il ajouter comme elle l'aurait fait?); il a rejeté la demande d'indemnité.

« C'était aller trop vite, sinon trop loin. La compétence judiciaire apparaissait, celle du Conseil de préfecture devait s'effacer provisoirement. Il y avait lieu à sursis, jusqu'à ce que l'autorité judiciaire ait statué sur la portée respective des droits à la source, invoqués par la ville, déniés par les sieurs Boigues et consorts. Vous devez décider que c'est à l'autorité judiciaire qu'appartient le préalable.

« Les sieurs Boigues et consorts, nous le savons bien, ont quelque raison de craindre que la conséquence ne soit celle-ci : l'autorité judiciaire, reconnaissant le droit absolu de la ville sur la source, avec la plénitude du pouvoir que confère au propriétaire de la source l'article 641, reconnaissant que les sieurs Boigues et consorts, bien que leurs usines puissent être fondées en titres, n'ont pas prescrit contre ce droit absolu, que le propriétaire tient de l'article 641... Dans ce cas, messieurs, ce serait après ce préalable tranché contre eux, que les usiniers viendraient devant le Conseil de préfecture trouver sans doute alors la solution que le Conseil de préfecture a donnée prématurément aujourd'hui.....

« Ce ne serait pas sans un grand regret, que nous verrions la juridiction administrative, obligée de se ranger à la rigueur de la solution judiciaire que les requérants redoutent. En 1804, le législateur, lorsqu'il a écrit l'article 641, pouvait-il songer à la fréquence des cas où se produit maintenant l'expropriation pour cause d'utilité publique ?

« Pour l'industrie, alimentée par un cours d'eau, pour l'usine fondée en titre et dont un travail public exécuté sur le parcours ou à l'origine de la rivière, supprimerait ou simplement diminuerait la force motrice sans indemnité, le danger de l'article 641 n'est plus une chimère. La ville de Paris a des imitateurs et doit en avoir ; nous voudrions, au moins, qu'on l'imitât jusqu'au bout, en tant qu'elle a accepté l'obligation des indemnités à servir aux propriétaires, exploitant des usines inférieures à ses prises d'eau.

Le Conseil d'État reconnut l'incompétence de la juridiction administrative et la question des droits de la ville et des riverains fut renvoyée aux tribunaux civils (*v. de Nevers*, 9 fév. 1865). Il arriva que les riverains ne reçurent aucune indemnité.

Le Conseil d'État s'émut de cette situation ; il y chercha

un remède, et crut l'avoir trouvé ; lorsqu'une ville sollicite le décret déclaratif de l'utilité publique, le Conseil d'État met à son obtention cette condition, qu'elle s'engagera à indemniser les riverains ; le conseil municipal prend à cet effet une délibération, dont mention est faite dans le décret. La commune se trouve ainsi obligée à dédommager tous les intérêts lésés par le détournement des eaux de la source, puisqu'elle ne peut plus contester devant le jury, le principe de la réparation. Ces réserves furent faites notamment, lorsque la ville de Paris sollicita l'autorisation d'exproprier des terrains nécessaires à l'établissement de l'aqueduc de dérivation des eaux de la Vanne : « les droits des tiers, disait expressément le décret, sont réservés, même en ce qui touche la dérivation des eaux. »

Cette précaution pourrait paraître superflue à l'égard de la ville de Paris, qui avait volontairement accepté (nous venons de voir une allusion à ce fait, dans les observations du commissaire du gouvernement), l'obligation d'indemniser les intéressés, à l'époque où elle dériva dans son enceinte, les eaux des sources de la Dhuys. Mais il faut observer que, si la ville de Paris renonça tacitement à se prévaloir de la jurisprudence de la Cour suprême, ce fut à la condition, que les indemnités qu'elle fixerait bénévolement, ne pourraient être discutées.

Un moyen d'échapper aux exigences du conseil d'Etat se présente d'ailleurs dans la plupart des cas ; la ville, au lieu de se faire autoriser à poursuivre l'expropriation de la source et des terrains nécessaires à la construction d'un aqueduc, traitera à l'amiable ; il est vrai qu'elle sera obligée de subir les exigences des propriétaires, mais ce sacrifice sera largement compensé par l'économie qu'elle réalisera sur les indemnités, qu'elle eût été obligée d'allouer aux riverains, s'il avait fallu s'adresser au conseil d'Etat.

Les inconvénients de la législation sur la matière ont engagé le gouvernement à présenter, dans le projet de Code rural déposé au Sénat, un article ainsi conçu :

« Art. 113. Les communes qui dériveront les eaux de source, seront tenues d'indemniser tous autres propriétaires, qui se servaient à un titre quelconque des eaux, soit pour la mise en mouvement de leurs usines, soit pour l'irrigation de leurs terres, soit pour un autre usage ; mais ces indemnités seront réglées comme en matière de dommage résultant de l'exécution de travaux publics.

En résumé, dans l'état actuel de la législation et de la jurisprudence, une indemnité est due :

1° Au propriétaire de la source, non seulement pour la privation de la propriété de la source, mais pour la perte de la force motrice qu'il en retirait.

2° Aux riverains qui ont acquis la jouissance de l'eau, par l'un des modes déterminés par la loi, les autorisations et concessions administratives n'ayant aucunement le pouvoir, aux yeux de la jurisprudence judiciaire, de fonder, à l'encontre du propriétaire de la source, une servitude d'usage.

Du réglement de l'indemnité.

Supposons d'abord que la commune ait été obligée de faire prononcer l'expropriation de l'héritage qui renferme la source ; la situation des riverains est facile à régler : aux termes de l'article 18 de la Loi du 3 mai 1841, le propriétaire devra, dans les huit jours de la notification du jugement, désigner, sous sa responsabilité, les usagers qui tiennent de lui leur droit de servitude ; quant aux autres intéressés, à ceux qui ont ou prétendent avoir acquis la prescription, ils doivent se faire connaître dans le même délai, sous peine de déchéance (art. 6 et 21). Le jury est compétent pour prononcer cette déchéance, qui est absolue, et qui empêche les ayant-droit, en vertu de la chose jugée, de renouveler leur demande, soit devant le jury, soit devant un tribunal administratif ou judiciaire (C. d'Et. 15 avril 1868).

Les intéressés connus, les formalités de l'expropriation suivent leur cours ordinaire et l'indemnité des usagers est réglée en même temps que celle du propriétaire lui-même. Il en est ainsi, lorsque le droit des riverains à la jouissance de l'eau n'est pas contesté ; quand, au contraire, il s'élève un débat entre la ville acquéreur et les riverains, sur le fond des prétentions de ces derniers, le jury ne peut trancher la difficulté. Il doit se borner à fixer des indemnités éventuelles, correspondant aux diverses solutions que peut recevoir le litige et renvoyer l'examen du droit aux tribunaux compétents pour juger les questions de propriété et de servitude, c'est-à-dire à l'autorité judiciaire (Civ. 2 août 1865).

Plaçons-nous en second lieu dans l'hypothèse où la ville a acquis à l'amiable, qu'il y ait eu ou non déclaration d'utilité publique, la propriété de la source qu'elle veut dériver. Devra-t-elle faire procéder à l'expropriation des servitudes d'usage qui la grèvent, faute d'une entente amiable, sur le chiffre de l'indemnité, avec les titulaires de ces servitudes ?

Le Conseil d'Etat eut à se prononcer sur une difficulté analogue ; il s'agissait d'une servitude établie sur un fond acquis à l'amiable par l'administration de la Guerre ; le Conseil de préfecture s'était déclaré incompétent pour prononcer la réparation du dommage infligé au maître du fond dominant, et avait proclamé la compétence du jury d'expropriation. Le ministre de la Guerre, dans son pourvoi au Conseil d'Etat, présenta les observations suivantes, qui s'appliquent également à notre matière :

« La suppression d'une servitude pour cause d'utilité publique, ne constitue pas une expropriation, car il n'y a d'expropriation, qu'autant qu'une partie est désaisie de sa propriété et que cette propriété est transmise à une autre partie. Aussi l'article 21 de la loi du 3 mai 1841 dispose-t-il qu'au cas d'expropriation, le propriétaire est tenu de faire connaître à l'administration, ceux qui peuvent réclamer des servitudes résultant de titres de propriété ou d'autres actes, dans lesquels il serait intervenu, sous peine de rester chargé envers ces derniers des indemnités qu'ils pourraient réclamer. C'est bien déclarer qu'ils ne pourront exercer aucune action contre l'Etat et que, par conséquent, il n'est pas nécessaire de faire procéder à une expropriation contre eux.

« S'il n'y a pas expropriation, il y a dommage, sans doute, mais ce dommage, encore bien qu'il soit permanent, ne saurait être assimilé à l'expropriation... »

Le Conseil d'Etat refusa de se ranger à l'avis du ministre et décida que « le fait de l'acquisition amiable n'a pu dispenser l'administration de recourir à l'expropriation, à l'égard des parties qui justifieraient de droits prévus par les articles 21 et 39 de la loi de 1841, et qui ne consentiraient pas à la cession volontaire. »

(C. d'Et. 19 janvier 1850 *Nouvellet*).

La cour de Caen rendit un arrêt dans le même sens le 9 mai 1862 (*Lebaudy*).

L'opinion contraire est plus généralement soutenue ; tous les arrêts que nous allons citer l'ont admise ; l'expropriation ne s'applique pas aux servitudes, en dehors de l'expropriation du fonds auquel elles s'appliquent ; mais de nouvelles controverses ont surgi sur le point de savoir quelle était la juridiction compétente pour fixer l'indemnité due aux usagers ; les uns ont vu, dans la dépossession dont souffraient ces derniers, la perte d'un droit réel, inhérent à la propriété et sous la protection des tribunaux judiciaires (En ce sens un arrêt de la Cour de Paris du 24 juillet 1857 et un arrêt de la chambre des requêtes du 2 février 1859) ; les autres n'y ont trouvé qu'un simple dommage, de la compétence du conseil de Préfecture ; ce sont les plus nombreux. (En ce sens, deux décisions du Tribunal des conflits des 12 juin 1850 (*Guillot C. d'État*) et 16 décembre 1850 (*d'Espagnet*), un arrêt de la chambre civile du 26 avril 1865, cassant l'arrêt de la cour de Caen, précité). L'unité de jurisprudence paraît s'être faite d'ailleurs, mais au dépens de la compétence judiciaire : La chambre des requêtes a abandonné sa théorie de l'arrêt de 1859 et s'est ralliée à la majorité des décisions judiciaires, qui étaient intervenues sur la question (Req. 27 janv. 1868 *Horliac*) ; ce n'est pas sans raison. Le vœu de la loi de 1841 est que l'expropriation atteigne les servitudes, en même temps que le droit de propriété lui-même, mais on ne concevrait pas aisément l'accomplissement des formalités de l'expropriation, à l'égard d'un droit de jouissance, indépendamment de l'héritage qui doit la supporter. La nature de ces formalités indique précisément, qu'elles sont prescrites pour atteindre des immeubles, qui seuls peuvent être l'objet de levés de plans, d'extraits de la matrice cadastrale, d'une prise de possession ; comment les appliquerait-on à l'expropriation d'une simple jouissance ?

CHAPITRE II

DES PRISES D'EAU.

L'établissement des prises d'eau pour les fontaines publiques est autorisé, sur les cours d'eau navigables et flottables par décret du gouvernement, et sur les cours d'eau non navigables ni flottables par le préfet, sur l'avis des ingénieurs en chef (Décret du 13 avril 1861, modifiant le décret du 25 mars 1852 sur la décentralisation ; Tableau D. 5°).

Ces concessions sont faites sous la réserve des droits des tiers ; quels sont ces droits ? Nous les étudierons dans deux sections.

1. — *Généralités sur la propriété des cours d'eau.*

Les cours d'eau se divisent en deux grandes catégories :

1° Les fleuves et rivières navigables et flottables ; ils font partie du domaine public de l'Etat, en vertu de l'article 538 du Code civil, qui reproduit les dispositions de l'article 2 de la loi des 22 novembre-1er décembre 1790 et l'article 4 de la section 1re de la loi des 28 septembre-6 octobre 1791.

Comme les petites rivières, ils appartenaient dans le droit féodal aux seigneurs hauts justiciers, mais les rois, depuis le XIIIe siècle, tendirent incessamment à les rattacher à la couronne (1) et Louis XIV dans l'ordonnance de 1669,

1. En ce sens Beaumanoir, Bouteiller, etc. La première ordonnance royale qui osât dire « nos rivières » est de 1583 seulement.

titre 27, art. 41, en assura la domanialité : « déclarant la propriété de tous les fleuves et rivières portant bateaux de leur fond, faire partie du domaine de la couronne, nonobstant tous titres et possessions contraires. » Ce que nous appelons le domaine public n'existait pas sous l'ancien régime ; l'ordonnance les attribuait au roi en pleine propriété ; malgré ce texte législatif, la propriété de ces cours d'eau ne cessa d'être contestée par les anciens seigneurs, il fallut que le décret du 6 octobre 1791, article 4, édictât que « Nul ne peut se prétendre propriétaire exclusif des eaux d'un fleuve ou d'une rivière navigable et flottable. » Le principe aujourd'hui est certain.

C'est l'aptitude naturelle ou artificielle à la navigation ou au flottage par trains et radeaux (1), qui détermine la domanialité d'un cours d'eau. Les ordonnances royales (10 juillet 1836 et autres) et décrets qui ont fait des déclarations de navigabilité n'ont pas créé, mais seulement constaté la domanialité, c'est-à-dire la possibilité de la navigation ou du flottage. Pour les cours d'eau qui n'ont pas été l'objet de ces déclarations, l'autorité administrative reste compétente pour apprécier si leur nature physique le fait rentrer dans la catégorie des cours d'eau du domaine public (2).

2° Les cours d'eau qui ne font pas partie du domaine public.

1. Et non pas au flottage à bûches perdues (avis du C. d'Et. 21 février 1822 ; loi du 15 avril 1829 sur la pêche).

2. L'autorité judiciaire est incompétente (C. d'Et. 23 juin 1841, Lemenuet ; 17 août 1864, c. de Saugnot ; 2 mai 1866, Hodouin).

On propose de les diviser eux-mêmes en deux classes : 1° cours d'eau non navigables ni flottables, ou petites rivières ; 2° ruisseaux. Cette division n'existe pas dans la loi ; mais il convient de l'y introduire, car, outre qu'elle a pour elle la nature des choses, elle s'appuie sur des autorités considérables. Les auteurs anciens et modernes les plus considérables admettent que les ruisseaux forment une catégorie à part et qu'ils sont la propriété des riverains.

Loysel, dans ses Institutes coutumières (II, 2) : « Les grands chemins et rivières appartiennent au roi ; les petites rivières et chemins sont aux seigneurs des terres, et les ruisseaux, aux particuliers tenanciers. »

Boutaric (Institutes, II, 1 § 2) : « Les rivières non navigables appartiennent aux seigneurs justiciers ; mais en est-il de même des ruisseaux ? Non, sans doute ; tous nos auteurs conviennent que la propriété des ruisseaux appartient aux propriétaires des fonds dans lesquels ils coulent, de manière pourtant que ces particuliers, possesseurs des terres, ne puissent en arrêter ou détourner le cours naturel de l'eau. »

Duparc-Poulain (II, p. 398, n° 559) : « Les fontaines « appartiennent au propriétaire du terrain où elles se « trouvent.

560 : « La même règle a lieu pour les ruisseaux, sui- « vant le terrain qu'ils parcourent. »

Delalande (Cout. d'Orléans, art. 169, n° 6 : « Quant « aux petites rivières, les seigneurs des territoires par « lesquels elles passent les tiennent pour la plupart en

« propriété domaniale. Communément les propriétaires des « terres, non seigneurs, n'ont plus que les ruisseaux et les « petits cours d'eau. »

Merlin (*Questions de droit*, V° cours d'eau), établit qu'il y a trois sortes de cours d'eau : les rivières navigables, les rivières non navigables et les simples ruisseaux « qui n'ont « qu'une utilité bornée aux particuliers sur le terrain des- « quels ils passent. »

Arnoult, dans son rapport à la Séance du 23 avril 1791, conclut à ce que les ruisseaux, qui ne peuvent servir à faire mouvoir une usine, forment une troisième catégorie de cours d'eau, puisque les règles qui conviennent aux rivièvières ordinaires, ne sauraient leur être appliquées.

M. Ducrocq (*Droit adm.* II. 989) formule la même opinion, mais d'une façon plus précise ; les ruisseaux, dit-il, « sont la propriété des riverains et se distinguent des « rivières non navigables ni flottables, soit par la moindre « étendue, soit par l'intermittence de leur cours, soit par « leur largeur, leur importance et leur utilité moindres. »

Enfin cette théorie est admise par la jurisprudence (Agen 4 mais 1856, *Amouroux* ; Bordeaux, 7 août 1862, *de la Grandière*, etc.)

Pour ne pas être obligé d'y revenir, disons tout de suite que, si une commune voulait acquérir l'eau d'un ruisseau, elle devrait, soit s'adresser aux propriétaires du lit, aux riverains, et leur demander l'autorisation de faire une prise d'eau, soit faire exproprier le cours d'eau tout entier, à partir de la prise d'eau ; il sera plus simple et moins dispendieux, nous l'avons vu, d'acquérir à l'amiable ou autrement, la source elle-même, que la commune pourra dériver sans indemnité, puisque l'article 641 ne distingue pas entre les différents cours d'eau auxquels la source donne naissance.

A qui appartient la propriété des rivières non navigables ni flottables ?

Quatre systèmes ont été soutenus : 1° les rivières font partie du domaine public, car, dans l'ancien droit, elles appartenaient aux seigneurs hauts justiciers auxquels l'Etat moderne s'est substitué, après l'abolition de la féodalité (Proud'hon n° 733 et 936 ; Rives ; Laferrière p. 135 ; Nadault de Buffon (Des usines) ; etc.).

2° La propriété du lit appartient aux riverains, mais les eaux ne sont à personne ; en effet l'article 561 c. civ. attribue aux riverains les îles, qui sont une dépendance du lit, mais d'un autre côté, l'eau courante n'est pas de sa nature susceptible de propriété privée (Duranton V. 208 ; Cormenin ; Dr. adm. V° cours d'eau ; n° 3 ; Garnier, Régime des eaux, n° 2 à 4).

3° Les riverains sont propriétaires du lit et de l'eau, comme étant au lieu et place des seigneurs, jadis propriétaires des eaux à titre privé (Toullier III. 144 ; Daviel, n° 750 ; Cotelle n° 353 ; Championnière n° 417 et S. ; Req. 19 juillet 1830 *(Buyer)*.

4° Le lit et l'eau de la rivière sont *res nullius*.

C'est le système auquel nous croyons devoir nous rallier ; si, dans l'ancien droit, le lit et le cours d'eau appartenaient au seigneur, c'est en qualité de haut justicier et par une sorte d'émanation de la souveraineté ; d'autre part, l'article 538 exclut par *a contrario,* les rivières non navigables des choses du domaine public. Enfin l'article 561 se retourne contre les partisans du second système, puisque la loi n'aurait pas eu besoin d'accorder aux riverains une propriété qu'ils avaient déjà ; l'article 563, qui donne la propriété de l'ancien lit aux propriétaires des fonds nouvellement occupés par la rivière, est un argument décisif dans le sens de la non propriété du lit ; s'il avait appartenu aux riverains, la loi ne les en déposséderait pas.

Les trois premiers systèmes était écartés par élimination, il faut que les petites rivières soient de ces choses qui, aux termes de l'article 714, n'appartiennent à personne et dont l'usage est commun à tous. L'eau courante n'est pas susceptible d'appropriation parfaite, elle doit rester dans une communauté négative, qui permette à chacun d'en user, sous la condition de ne pas gêner l'usage réciproque que les autres sont appelés à en tirer aussi (Daviel I. 14 et II. 28).

C'est l'idée qu'exprimait la loi des 22 décembre 1789 — 8 janvier 1790 en disant (Sect, III. art. 2) : « Les autorités administratives de département sont chargées.... de l'administration : 5° des chemins, *rivières*, forêts et autres choses communes. » Les forêts et les chemins sont rentrés dans le domaine de l'Etat ; les rivières sont restées choses communes.

Le Code s'est borné à en régler l'usage, mais les droits qu'elle accorde aux riverains ne sont que des compensations, pour les inconvénients d'un cours d'eau, et des conséquences du voisinage d'un bien, qui ne peut servir qu'à eux. Quant à la propriété, elle ne réside entre les mains de personne ; l'Etat ne conserve sur les petites rivières, que le droit de surveillance et de police qu'il possède sur tous les cours d'eau, quels qu'ils soient. (En ce sens, Merlin. V° cours d'eau et presque tous les auteurs modernes — la jurisprudence est à peu près unanime. V. notamment Cass. 10 juin 1846 ; C. d'Et. 17 déc. 1845, 13 août 1851 ; 18 avril 1866, *de Colmont* ; Gand, 7 juillet 1837 ; Bruxelles, 7 mars 1832, etc.) (1).

En résumé, les riverains n'ont aucun droit de *propriété* sur les cours d'eau, sauf les ruisseaux ; et l'administration reste maîtresse d'accorder des concessions de prises d'eau aux communes.

Si ces prises d'eau ne lèsent aucun droit de propriété, il nous faut examiner si elles ne nuisent à aucun autre droit reconnu par la loi.

2. — *Des droits des riverains sur les rivières au point de vue des prises d'eau communales.*

Avant d'entrer dans les détails de notre sujet, il nous faut dire quelques mots de ce qu'on doit entendre par la

Le projet de Code rural porte, article 3 : « le lit des cours d'eau non navigables et non flottables appartient aux propriétaires des deux rives. » Cet article a été voté en seconde lecture au Sénat, dans la séance du 18 juillet 1883.

propriété de la force motrice, sur les cours d'eau des deux classes ; il n'y a pas de distinction à faire entre eux, au point de vue général où nous allons nous placer.

La pente, ou force motrice d'un cours d'eau n'appartient à personne ; elle participe de l'essence indisponible des rivières, qui, soit qu'elles appartiennent au domaine public, soit qu'elles appartiennent à tout le monde, ne sont pas susceptibles de propriété privée ; « aucun propriétaire, dit une décision judiciaire, ne peut se dire maître de la hauteur des eaux, qui sous quelque rapport que ce soit, ne peuvent être dans le domaine privé, car, s'il en était autrement, l'administration serait affranchie de toute surveillance, de tout pouvoir de s'immiscer dans la conduite des eaux et du droit de faire les réglements dont parle l'article 645 du Code civil » (Trib. de Rouen, 16 janvier 1830 ; arrêt conforme en cassation, 14 février 1833 (*Martin*).

Plus tard, la Cour de cassation affirme aussi : « que l'eau courante, envisagée quant à la force motrice qu'elle procure, n'est pas une chose dont les riverains puissent se se prétendre propriétaires, par droit d'accession à leurs héritages, qu'il faut nécessairement admettre ici le pouvoir dispensateur de l'administration, organe de la puissance publique dans le réglement de la jouissance des choses placées, par leur nature, hors du domaine privé » (Cass. 19 août 1837 ; *de Ponthaud*. En ce sens, les arrêts du C. d'Et. notamment 10 janvier 1837 (*Martin*) ; 18 novembre 1852 (*Magnier*) ; 15 mai 1858 (*Dumont*) ; 16 avril 1866 (*de Colmont*).

Ce pouvoir dispensateur de l'administration, c'est celui de faire des concessions et de donner des autorisations de fonder des usines sur les rivières, droit qui dérive du pouvoir réglementaire. Mais ces autorisations sont plutôt des permissions que des concessions, elles ne sont accordées que sous réserve des droits des tiers et seulement au point de vue de la police des eaux ; elles proclament uniquement que l'intérêt public ne s'oppose pas à la formation des établissements projetés, mais sans préjudice des droits que les tiers pourraient faire valoir devant les tribunaux. S'il arrive que la concession blesse un droit acquis, non seulement les riverains lésés auront un recours devant l'autorité administrative, en réformation de l'acte qui leur cause préjudice, mais ils pourront s'adresser aux tribunaux et faire condamner l'impétrant à des dommages et intérêts. Le Conseil d'État a même jugé que l'autorité judiciaire serait compétente pour ordonner la destruction de l'établissement, mais la Cour de cassation a vu là, l'appréciation à faire d'un acte administratif et elle a décliné la compétence judiciaire (C. d'Ét. 13 février 1828 ; 15 juillet 1835 ; 22 août et 15 décembre 1839 ; Cass. 14 février 1833 ; 2 juille 1839 ; 26 janvier 1841 ; 2 avril 1844 (*Maubert*), 15 février 1860 (*Millardet*).

Nous examinerons, dans les sections suivantes, quels sont les droits que devra respecter tout nouveau concessionnaire. Tout ce que nous dirons s'appliquera exactement, tout aussi bien à la situation d'une commune obtenant une prise d'eau pour ses fontaines, qu'à celle d'un riverain concessionnaire d'une prise d'eau pour l'industrie ou pour l'irrigation.

La concession obtenue et non contestée, quel est le droit qu'elle confère ? ce n'est pas un droit de propriété, car il ne peut y avoir de propriété sur une chose aussi insaisissable qu'une force motrice, qui disparaît aussitôt qu'elle a produit le mouvement ; nous dirions volontiers avec M. Daviel (II, 680) que c'est une servitude, s'il ne fallait pas réserver cette dénomination au rapport de deux fonds, c'est plutôt un *droit innommé, sui generis*. Il sera dit plus loin dans quel cas ce droit, réputé *légal*, ne peut être supprimé sans indemnité ; qu'il nous suffise de citer le texte, applicable également aux deux espèces de rivières, qui pose le principe d'une réparation ; c'est l'article 48 de la loi du 16 septembre 1807 sur le dessèchement des marais :

« Lorsque pour exécuter un dessèchement, l'ouverture d'une nouvelle navigation, un pont, il sera question de supprimer les moulins et les autres usines, de les déplacer, modifier ou de *réduire l'élévation de leurs eaux*, la nécessité en sera constatée par les ingénieurs des ponts-et-chaussées. Le prix de l'estimation sera payé par l'Etat, lorsqu'il entreprend les travaux ; lorsqu'ils sont entrepris par ses concessionnaires, le prix de l'estimation sera payé avant qu'ils puissent faire cesser le travail des moulins et des usines.

« Il sera d'abord examiné si l'établissement des moulins et usines est légal ; ou si le titre d'établissement ne soumet pas les propriétaires à voir démolir leurs établissements sans indemnité, si l'utilité publique le requiert. »

Passons aux applications.

1. *Des droits sur les rivières navigables et flottables.*

Ces rivières font partie du domaine public et leurs eaux sont inaliénables et imprescriptibles. Nul ne peut s'en servir à son passage dans sa propriété, pour l'irrigation de son fonds, nul ne peut, à plus forte raison, y établir un barrage, une usine, et l'Etat s'est réservé le droit de pêche fluviale. Mais l'administration peut accorder à un particulier, le droit de faire une prise d'eau pour irriguer son fonds, ou d'utiliser la chute ou le courant de l'eau pour le service d'une usine qu'elle autorise. Ces permissions sont précédées d'une instruction dans les formes prescrites par l'arrêté du 19 ventôse an VI, l'instruction du 19 thermidor an VI et une circulaire du 16 novembre 1834 ; elles sont accordées par décret en Conseil d'État pour les établissements permanents et par arrêté du préfet pour les établissements temporaires et pour ceux des établissements permanents qui ne modifieraient pas sensiblement le régime des eaux (Décrets de décentralisation ; Tab. D. 1° et 2°) ; une redevance peut être imposée au concessionnaire (loi du 26 juillet 1840, art. 8) ; les concessions sont essentiellement précaires, révocables, subordonnées à l'exercice du droit que possède l'administration d'assurer le libre cours et la police des eaux ; leur suppression n'entraîne pas l'obligation d'indemniser le riverain. Tel est le principe ; examinons les exceptions ; dans quels cas peut-on dire que l'établissement est fondé en droit ?

1° *On reconnaît un droit véritable et légal à l'usinier, lorsque son usine est antérieure à l'année* 1566.

Nous parlons spécialement de l'usinier ; la situation du riverain, concessionnaire d'une prise d'eau pour l'irrigation est identique, mais les exemples de ces concessions sont, on le conçoit, bien moins fréquentes dans notre ancien droit, et aujourd'hui encore.

On sait que le principe de l'inaliénabilité du domaine remonte à l'ordonnance de Moulins, du mois de février 1566 ; auparavant les rois, malgré quelques ordonnances contraires (1) en avaient la libre disposition, et de nombreux abus s'étaient produits. L'ordonnance de 1566 déclarait le domaine de la couronne inaliénable, sauf deux exceptions, qui permettaient l'aliénation pour composer l'apanage des princes de la maison de France, avec clause de retour en cas d'extinction, et pour subvenir aux frais de la guerre, avec réserve de la faculté perpétuelle de rachat. — Une seconde ordonnance du même mois exceptait de la règle générale, les biens qui composèrent ce qu'on appela plus tard le petit domaine : terres, prés, marais, palus vagues et qui restaient la propriété privée du roi.

L'ordonnance de Moulins ne pouvait disposer que pour

1. 1er mars 1388 ; 7 janvier 1407 ; 25 mai 1413 ; 16 juillet 1418 ; 15 décembre 1438 ; 9 septembre 1461 ; 30 juin 1539 ; 9 novembre 1549.

l'avenir; les aliénations antérieurement consenties étaient irrévocables; il en était ainsi des très nombreuses concessions, que les rois avaient accordées sur les fleuves et rivières navigables; elles équivalaient à la constitution de véritables droits réels sur les eaux courantes, et ne pouvaient être révoquées sans indemnité (1); les propriétaires de moulins, qui étaient les plus nombreux et les plus importants de ces concessionnaires purent acquérir ainsi le droit à la force motrice des cours d'eau; aussi la légalité de leur situation fut-elle constamment reconnue. L'ordonnance sur les Eaux et forêts de 1669 (tit. 27, art. 41 à 43), qui défend d'établir à l'avenir de nouveaux moulins sur les rivières du domaine, confirme les établissements fondés en titre avant le 1er avril 1566. Les édits d'avril 1683 et de décembre 1693 règlent la situation de trois classes d'établissements : 1° ils confirment dans la propriété, possession et jouissance de leurs moulins et autres droits acquis sur les cours d'eau, ceux des riverains qui auraient des titres authentiques, émanés des rois antérieurement à l'année 1566 ; 2° ils confirment dans la possession seulement desdits moulins et autres droits, ceux qui justifieraient d'une possession antérieure à la même époque, malgré l'absence de titres, mais il leur imposait une rede-

1. Un arrêt du parlement de Paris de 1390 autorise le prévôt des marchands à faire détruire les établissements trop nombreux qui empêchaient les bateaux d'arriver jusqu'à Paris, par la Seine et la Marne ; toutefois, il réservait le droit des propriétaires à une indemnité.

vance, égale au vingtième du revenu de leur moulin ou autre droit ; 3° ils réunissent au domaine, sans indemnité, les droits des détenteurs qui ne rapporteraient ni titre, ni preuve de possession antérieure à 1566 ; ces droits étaient réputés usurpés.

L'arrêt du conseil du roi du 24 juin 1777, autorise l'administration à faire démolir les établissements, qui seraient reconnus nuisibles au régime ou au cours des eaux, mais il ordonne d'accorder des indemnités à ceux qui seraient fondés en titre.

Ces dispositions furent maintenues par la législation de l'époque intermédiaire ; la loi des 22 novembre — 1er décembre 1790, celle du 14 ventôse an VII ont reconnu la validité des aliénations domaniales antérieures à l'ordonnance de Moulins et l'arrêté du 19 ventôse an VI renouvela la distinction entre les établissements fondés en titre et ceux qui ne l'étaient pas. Il ordonnait la destruction des seconds et même de ceux qui n'avaient qu'un titre féodal ; cette disposition fut mitigée par l'instruction du 21 germinal suivant, qui expliqua que les établissements nuisibles étaient seuls visés, et invitait les propriétaires à régulariser leur situation. Enfin l'article 48 de la loi du 16 septembre 1807 posait, nous l'avons dit, le principe d'une indemnité au profit des établissements fondés en titre, non-seulement pour le cas de leur destruction totale ou partielle, mais aussi pour la perte ou la diminution de la force motrice.

L'usinier qui veut faire reconnaître son droit à l'existence légale, doit rapporter la preuve d'une concession antérieure à 1566 (1) ; il n'est pas nécessaire d'ailleurs qu'il en ait usé avant cette époque, il suffit que son droit ne soit pas éteint par le non usage. Le Conseil d'Etat a jugé qu'une concession, accordée en 1491 et qui n'avait pas encore été utilisée en 1763 était éteinte depuis longtemps. Il en serait autrement, si les bâtiments de l'établissement avaient été détruits, puis rebâtis (23 août 1845, *Raimbaud*). On ne peut exiger que le riverain reproduise l'acte de concession lui-même, car certains de ces droits datant de l'origine de la féodalité, il est possible que l'*instrumentum* en soit perdu, on se contentera d'un acte établissant l'existence de l'usine ou autre droit avant l'ordonnance de Moulins, d'un dénombrement par exemple (C. d'Et. 7 mars 1861. Voir encore : C. d'Et. 30 mars 1846 (*de Boisset*) et 10 mars 1848 (Faucheux).

Lorsque cette preuve est faite, le titre de l'établissement est légal et le droit à indemnité reconnu (2). Quant aux autorisations de moulins et autres droits postérieurs à l'ordonnance de 1566, elles constituent le titulaire engagiste du domaine public et ne peuvent fonder qu'une jouissance précaire. Cette opinion le plus généralement admise, remontre cependant des contradicteurs' sans MM. Chauveau (II p. 427) et Duwarnet (Revue critique, 1852 p. 744), qui soutiennent

1. Si le cours d'eau n'est devenu navigable qu'à une époque postérieur à 1566, le titre devra seulement remonter à ce moment,

2. En ce sens tous les arrêts du Conseil d'État : V. notamment ; 14 janvier 1839 (Paris) ; 16 novembre 1850 (Moissac) ; 28 mai 1852 (Ramière) ; 7 mars 1861 (Ler) ; 9 avril 1863 (Deshayes) ; 30 mai 1881.

que les concessions postérieures à 1566 constituent un titre à la propriété de la pente. M. Duwarnet va plus loin encore ; il peut exister, dit-il, des droits de propriété privée sur les cours d'eau navigables, leurs fonds, lits, bords, quais, marchepieds et courants, et, dans l'hypothèse la plus défavorable, ces droits, résultant de concession royale, sont devenus, aux termes de la loi du 12 mai 1820, incommutables entre les mains de leurs possesseurs, par la prescription de trente ans accomplie depuis la publication de la loi du 14 ventôse an VII. Il s'appuie pour le prouver, — 1° sur les édits de 1683, 1693, 1708, qui, dit-il, rangèrent les rivières navigables dans le petit domaine, resté aliénable par les dispositions de la 2e ordonnance de 1566 ; faisaient partie du petit domaine » les moulins.... atterrissements, ilôts, créments, droits sur les rivières navigables, leurs fonds, lits, bords, quais, marchepieds, les bras, courants, eaux mortes, canaux et places qui ont servi aux fossés, murs, remparts et fortifications tant anciennes que nouvelles, — 2° par la loi du 14 ventôse an VII, qui, dans ses art. 5 § 3 et 5, reconnut l'existence du petit domaine et, à la différence des aliénations du grand domaine, qui durent pour être confirmées remonter au moins à 1566, n'exigea, pour maintenir les acquéreurs de biens compris dans le petit domaine, que la possession quadragénaire acquise au 22 novembre 1790, — 3e sur la loi du 12 mars 1820, qui, dans l'article 9, confirme les possesseurs actuels de tous les domaines de l'État, cédés par engagement, échange ou concession, avant ou après le mois de février 1566, mais antérieurement à la loi des 22 novembre 1er décembre 1790, à la condition qu'ils n'aient point inquiétés, pendant les trente années qui ont suivi ou suivront la loi du 14 ventôse an VII. (dans le même sens Christophe II. 271.

Cette théorie qui tendrait à considérer comme irrévocables toutes les concessions faites sur les rivières pendant le XVIIIe siècle et même l'aliénation de ces cours d'eau eux-mêmes, est trop directement contraire aux principes de notre ancien droit public. Nous invoquons contre elle ces mêmes ordonnances de 1683 et de 1693 ; la première disposait : « Comme les grands fleuves et les rivières navigables appartiennent en pleine propriété aux rois et aux souverains *par le seul titre de leur souveraineté...* » et la seconde : « Le droit de propriété que nous avons sur tous les fleuves et rivières navigables de notre royaume, nous étant incontestablement établi par les lois de l'État, comme une suite et une *dépendance nécessaire de notre souveraineté.* » Or, la souveraineté et ses dépendances sont des choses qui ne s'aliènent pas ; elles sont frappées entre les mains du roi d'une indisponibilité absolue ; il doit les transmettre intactes à ses successeurs.

Nous préférons ne pas scinder les explications que nous aurons à donner sur le contentieux de l'indemnité à accorder aux usiniers et riverains des rivières navigables ou non, qui ont obtenu des concessions, et des autorisations d'usines et prises d'eau. Nous exposerons les règles concernant l'interprétation des actes de concession et la réparation des dommages, après avoir traité des droits sur les rivières non navigables.

2° *L'usinier est fondé en titre, lorsque son usine a été vendue nationalement.*

Le principe de l'inaliénalibilité du domaine, fléchit ici devant le respect dû aux engagements pris par la nation, à l'époque des ventes de biens nationaux (loi du 22 nov.-1er décembre 1790, art. 1er) et devant l'impossibilité pour l'État de produire une éviction dont il serait garant (art. 1625 et 1626 C. civ.).

Pendant longtemps la jurisprudence a mis à l'indemnité cette condition rigoureuse, que le contrat contiendrait une affectation spéciale de force motrice (C. d'Ét. 11 mai 1838, *Berteau*; 12 mai 1841, *Aubertot*; 16 mars 1842, *Min. des Tr. pub.*; 13 février 1846, *Poullet*). Cependant, il est impossible d'admettre que l'aliénation d'une usine, sur un cours d'eau de domaine public, n'importe pas virtuellement la reconnaissance par l'État de son existence légale. Aussi le Conseil d'État est-il revenu sur sa première jurisprudence et a-t-il reconnu la légalité des établissements, alors même qu'aucune clause de la vente n'accorde à l'acquéreur la garantie d'une force motrice déterminée (C. d'Ét. 6 janvier 1853, *Leblanc*; 16 décembre 1858, *Viard*; 27 juillet 1859, *Ducos*.

L'usine vendue nationalement est donc fondée en titre ; la suppression de la force motrice sera jugée comme dans le cas qui précède, d'un titre antérieur à 1566 ; mais il peut s'élever une difficulté sur la compréhension de l'acte de vente nationale ; à qui sera réservée l'interprétation ? Aux tribunaux, comme dans le cas de vente ordinaire, ou au Conseil de préfecture, en vertu de l'article 4 de la loi de pluviôse an VIII (§ 7) ? Sans entrer dans le détail des controverses que ces difficultés ont fait naître, nous dirons que, pour les ventes antérieures à la Charte de 1814, le Conseil de préfecture, compétent sur l'exécution, l'est aussi sur l'interprétation de l'acte ; que pour les ventes postérieures, tandis que l'exécution appartient à la compétence judiciaire, par application des articles 9 et 10 de la Charte, l'interprétation des clauses obscures de la vente est réservée à l'autorité administrative (C. d'Ét., 27 février 1835 (*Rouillet*) ; Confl. 17 nov. 1851 (*Médard*) C. d'Ét. 30 juillet 1858 (*Broutta*) ; en ce sens MM. Serrigny et Batbie).

Nous venons de parler d'usine et de force motrice vendues par la nation, les mêmes règles seraient applicables, si l'on se trouvait en présence d'un terrain, vendu par la nation avec prise d'eau pour l'irrigation, une digue, un barrage ou tel autre établissement analogue. Une indemnité devrait être allouée, si la diminution dans la hauteur de la rivière venait à occasionner la perte du droit d'irrigation des riverains.

3° Faut-il ajouter un troisième cas où une indemnité devra être allouée, celui où la *concession, obtenue depuis* 1566, *a été acquise à prix d'argent*.

En droit pur, cette concession n'est pas fondée en titre et elle n'est pas opposable à l'administration qui n'a pu valablement aliéner, sans une loi, une fraction du domaine public. Mais au moins est-il juste de rendre le concessionnaire indemne, en lui restituant la somme qu'il a versée pour obtenir la concession ; il l'obtiendra du conseil de préfecture, sous forme d'une indemnité pour dommages résultant de travaux publics (C. d'Et. 14 janvier 1839 ; Daviel I. 352 ; Nadault de Buffon, (des Mines) I. 348 ; Avis du Min. des Tr. Pub. 1839).

Il en serait de même si, au lieu d'une somme d'argent, le concessionnaire s'était engagé à fournir à l'Etat, un travail public déterminé. Mais il ne faudrait pas assimiler à ces deux hypothèses, le cas où l'administration aurait stipulé simplement une redevance annuelle. Ces redevances sont assez fréquemment convenues, lorsque l'Etat accorde une autorisation sur un cours d'eau du domaine public, mais, représentatives de la location de la force motrice, elles cessent avec la disparition de celle-ci.

2. — *Des droits sur les rivières non navigables et non flottables.*

Ces cours d'eau sont *res communes*, c'est-à-dire que chacun peut en user pour les besoins de la vie, y abreuver les bestiaux, y laver le linge. Ce sont là des facultés communes à tout le monde, plutôt que des droits dont la loi garantit l'exercice continu et perpétuel ; leur suppression n'est point une atteinte à la propriété ; elle peut être ordonnée sans indemnité, par mesure de police administrative.

Mais les rivières peuvent être l'objet d'une véritable jouissance légale.

1° Art. 644. — « *Celui dont la propriété borde une*

eau courante, autre que celle qui est déclarée dépendance du domaine public par l'article 538, *au titre de la distinction des biens, peut s'en servir à son passage pour l'irrigation de ses propriétés.*

« *Celui dont cette eau traverse l'héritage, peut même en user dans l'intervalle qu'elle parcourt, mais à charge de la rendre à la sortie de son fonds à son cours ordinaire.* »

Il a paru équitable de reconnaître aux riverains des droits à l'usage de l'eau, non seulement en compensation des inconvénients et des charges que leur impose la rivière, mais aussi parce que seuls, ils peuvent en tirer une utilité qui n'existe que pour eux et ne saurait nuire à personne. La loi s'est bornée à faire le partage de ces droits : le propriétaire de l'héritage traversé par le cours d'eau peut en user aussi complètement qu'il veut, employer l'eau à des usages industriels ou agricoles, déplacer le lit, élever des barrages sur les deux rives, à la seule condition de rendre à leur cours naturel le surplus des eaux dont il se sera servi. Son droit n'est limité que par celui des riverains inférieurs. Au contraire, le propriétaire, dont le fonds est seulement bordé par une rivière, ne peut s'en servir que pour l'irrigation de ses terres ; il ne pourrait, au mépris des droits du maître de la rive opposée, dériver des quantités d'eau assez considérables, pour altérer le régime du cours d'eau, ou établir des barrages dans toute sa largeur.

Les droits des riverains sont réglés par deux autorités distinctes, qui y procèdent chacune dans un ordre d'idée différent :

1° L'autorité administrative. Elle est compétente pour faire des réglements d'eau, en vertu de la loi des 12-20 août 1790, qui ordonne aux administrations départementales de « rechercher et indiquer les moyens de protéger le libre cours des eaux, d'empêcher que les prairies ne soient submergées par une trop grande élévation des écluses et des moulins et par les autres ouvrages d'art établis sur les rivières » (lois du 6 oct. 1791, tit. II, art. 26 ; 14 floréal an IX et 16 septembre 1807, enfin décret du 25 mars 1852).

L'administration, en exerçant son pouvoir réglementaire, doit respecter les droits acquis dans la mesure où ils sont compatibles avec un bon régime des eaux ; ces réglements sont de véritables lois pour les riverains des cours d'eau qui en ont été l'objet, car ils sont l'exercice du droit de surveillance générale et de police de l'Etat et ils ont pour but d'assurer les intérêts de la salubrité, de l'agriculture, de l'industrie, non moins que l'exacte et équitable répartition des eaux entre les riverains.

2° L'autorité judiciaire.

Article 645. — « *S'il s'élève une contestation entre les propriétaires auxquels ces eaux peuvent être utiles, les tribunaux en prononçant, doivent concilier l'intérêt de l'agriculture avec le respect dû à la propriété, et, dans tous les cas, les réglements particuliers et locaux sur le cours et l'usage des eaux doivent être observés.* »

La loi, en confiant aux tribunaux le réglement des difficultés entre les riverains, ne leur a pas accordé un pouvoir exceptionnel ; elle ne les autorise pas à statuer par voie générale et réglementaire, mais seulement à prononcer sur la jouissance d'une chose indivise, objet qui est essentiellement de leur compétence, de droit commun. L'article 645 leur trace les règles qu'ils devront observer ; ils auront d'abord à appliquer les réglements administratifs légalement faits et les usages locaux qui pourraient exister, avant de rechercher dans les principes généraux du code, dans la situation des lieux, les circonstances de fait, et dans une sage conciliation entre les intérêts de l'agriculture et le respect dû à la propriété territoriale ou industrielle, les éléments de leur décision.

Les articles 644 et 645 ne soumettent les riverains à aucune formalité administrative, dans l'exercice des droits d'usage qu'ils leur confèrent, mais il résulte du pouvoir réglementaire de l'administration, qu'ils ne peuvent s'exercer qu'à charge d'observer ces réglements, qui font la loi des riverains, et qu'en l'absence de ces réglements, ils ne peuvent s'exercer qu'après une autorisation administrative. L'administration ne peut supprimer l'usage de l'eau de l'article 644, elle ne pourrait, par un refus d'autorisation, y mettre obstacle, mais elle a le droit d'en régler le mode de jouissance par chacun des riverains, afin que le régime de l'eau soit établi au mieux des intérêts de tous, agriculteurs et industriels. L'acte administratif devra respecter les droits acquis à un certain volume ou à un certain mode de jouissance de l'eau, lorsque ces droits résultent d'anciens usages ou d'une concession régulière, autant du moins qu'un bon régime des eaux le permettra, sous peine de voir l'autorité judiciaire prescrire la démolition des travaux, qui porteraient préjudice à un établissement plus ancien et légalement établi (Req. 23 juillet 1879).

Les riverains ne peuvent donc, sans une permission administrative, construire des barrages, digues ou autres ouvrages, établir des prises d'eau, saignées ou rigoles, destinés à leur faciliter l'irrigation de leurs propriétés, et l'administration serait en droit de faire démolir tous les travaux, qui auraient été faits au mépris de cette prohibition.

La nécessité de cette autorisation, qui paraît à quelques auteurs (M. Troplong est le plus considérable) une usurpation de l'administration, est une conséquence forcée du droit de police des préfets ; il faut àjouter qu'elle est un bienfait pour les riverains qui y trouvent une garantie contre les empiètements de leurs voisins. Aucun texte pendant longtemps, ne l'avait prescrite, mais la jurisprudence avait suppléé au silence de la loi (C. d'Et. 20 mai 1843 (*Bonneau*) etc. Cass. 9 mai 1843 (*Ansiaume*) ; Aubry et Rau III, p. 58 ; Demolombe (XI, 199). Elle a été consacrée par le décret de décentralisation du 25 mars 1852 (art. 3 ; tab. D), qui donne au préfet le droit de statuer, après avis des ingénieurs, sur les autorisations d'établissement des prises d'eau, barrages, etc., et la régularisation de ceux de ces ouvrages qui ne sont pas encore autorisés.

Lorsque la prise d'eau accordée à une commune pour l'alimentation de ses fontaines a pour conséquence la démolition de l'un des ouvrages dont nous venons de parler, y a-t-il lieu à indemnité ?

Assurément, lorsque les travaux ont été autorisés, car alors ils ont une existence aux yeux de la loi ; il en est autrement, lorsque les riverains ont exécuté des ouvrages sans autorisation, parce que ces travaux ont été construits, au mépris d'une obligation des propriétaires envers l'administration, qui a le droit de les supprimer, si bon lui semble, sans indemnité.

Qu'arriverait-il si la dérivation opérée par la commune privait totalement les riverains des droits que leur accorde l'article 644 ? Faudrait-il reproduire la même distinction, et accorder ou refuser une réparation selon que des travaux ont été exécutés avec ou sans autorisation ? Que déciderait-on relativement à ceux des riverains qui n'auraient élevé aucun ouvrage et nullement usé de leurs droits.

Il est impossible de s'attacher ici à l'existence ou au défaut d'une autorisation d'ouvrages ? Les droits de l'article 644 sont dans le patrimoine de chaque riverain, sauf titre ou prescription contraire ; chacun d'eux peut en user quand il lui plaît : ils ne s'éteignent pas par le non usage, quelque prolongé qu'il soit. D'autre part, l'administration ne peut en dépouiller celui qui les possède ; son droit se borne à les régler ; nous pensons donc que la commune, qui aurait rendu impossible l'exercice actuel ou futur des droits de l'article 644, en devrait réparation.

2° Une usine, un moulin pouvant avoir obtenu l'autorisation de s'établir sur les rives d'une rivière non nagivable ; cette permission indispensable, comme celle que nous venons d'étudier, et en vertu des mêmes principes, à tout premier établissement, même fondé par le propriétaire des deux rives, est nécessaire aussi pour tout changement notable introduit dans l'usine.

Ces autorisations furent accordées d'abord par les administrations de département, en vertu de la loi du 20 août 1790, qui leur prescrivait de veiller sur le régime des eaux et de la loi du 28 septembre-6 octobre 1791 qui leur donnait le pouvoir de fixer la hauteur des eaux. Mais les arrêtés du 13 nivôse an V et 19 ventôse an VI ont annulé les permissions accordées par les autorités départementales et ont réservé le droit exclusif de faire des concessions au gouvernement lui-même. Le Conseil d'Etat a jugé que le pouvoir central a toujours eu qualité pour accorder seul les autorisations d'usines (18 avril 1849 *Truelle*. Le décret de 1852 a rendu au préfet le droit de donner ces autorisations (Tab. D. 3° et 4°).

Il faut assimiler à cette autorisation, au point de vue de l'existence légale, la concession qui aurait été obtenue, antérieurement à la révolution, soit du roi, soit du seigneur haut justicier, pourvu qu'elle ne soit pas entachée de féodalité (C. d'Et. 29 juillet 1846 (*Ménard*) 1er juin 1855 et 13 juin 1860 (*canal de la Sambre*) ; ne sont pas considérées comme féodales, les concessions faites par les rois, en qualité de souverains à des particuliers non seigneurs (Cass. 23 ventôse an X ; 18 juin 1806 ; 10 avril 1838 ; 19 juillet 1830) ; seraient, au contraire, comprises dans la catégorie des droits abolis, celles qui se rattacheraient aux prérogatives qui ont disparu avec l'ancien ordre de choses, par exemple à un droit de péage ou de pêche.

Le bénéfice de la reconnaissance officielle est acquis, suivant la jurisprudence, non seulement aux riverains qui rapporteraient des titres réguliers, mais aussi à ceux qui prouveraient seulement tenir de leurs auteurs une possession assez longue, pour que la prescription ait pu être acquise par eux, avant les lois abolitives de la féodalité (Caen, 19 avril 1837 et janvier 1838 ; C. d'Edt. 28 août 1844, etc.).

Le défaut d'existence légale permet à l'administration d'ordonner, sans indemnité, la démolition des ouvrages, de l'usine ou du moulin (loi du 16 sep. 1807 art. 48. C. Edt. 7 janv. et 23 décembre 1842) ; au contraire, lorsqu'une autorisation a été accordée, la démolition a lieu à charge d'indemnité, lorsqu'elle n'est pas nécessitée par le caractère nuisible de l'établissement. Dans le cas, où il y a une simple privation ou diminution de force motrice, il faut aussi faire une distinction ; si ce dommage provient de travaux entrepris pour assurer un meilleur régime des eaux, il n'y a pas d'indemnité ; si au contraire, il résulte d'autres ouvrages, par exemple d'une prise d'eau faite dans l'intérêt d'une commune pour ses fontaines, il y a lieu à indemnité.

Tout ce que nous avons dit des autorisations accordées en vertu de l'article 644 pour l'irrigation s'applique ici, au point de vue du respect des droits des tiers. Un préfet ne pourrait concéder à un usinier un droit à une chute ou à une certaine hauteur d'eau, au préjudice d'un usinier inférieur qui aurait des droits antérieurs opposés. L'administration doit respecter dans ses concessions les droits acquis, autant du moins qu'il est possible de les concilier avec les intérêts de tous. C'est en vertu de ce principe, qu'une commune qui obtient une prise d'eau sur une rivière navigable, doit indemniser tous ceux qui souffrent de la diminution du volume des eaux.

3° Les riverains ont le droit de pêche sur la rivière (loi du 15 avril 1829, art. 2).

Ce droit est une propriété. Lorsqu'une rivière non navigable passe dans la catégorie des cours d'eau navigables, les riverains privés du droit de pêche par la déclaration de navigabilité, ont droit à un indemnité qui est règlée d'après les principes de l'expropriation (art. 3).

D'après la loi du 31 mai 1865 (art. 2 et 3), lorsque la pêche est interdite pendant une période d'années, ou lorsqu'il est établi des *échelles* pour la libre circulation du poisson, les riverains privés en tout ou partie de leur droit de pêche, reçoivent une indemnité qui est règlée par le conseil de préfecture, après expertise, conformément à la loi du 16 septembre 1807.

Dans le cas où la privation du droit de pêche résulte d'une prise d'eau, le conseil de préfecture aura à calculer l'indemnité, s'il y a lieu, d'après la quantité d'eau enlevée à la rivière et le trouble apporté à l'exercice du droit des riverains. Le vœu du législateur est que le droit de pêche ne puisse être supprimé sans indemnité ; mais il impossible de voir dans notre espèce une expropriation ; il y a simple dommage provenant de l'exécution d'un travail public.

3. — *Du contentieux des prises d'eau communales.*

La concession d'une prise d'eau pour fontaines publiques, peut donner lieu à deux sortes de difficultés ; il peut y avoir d'abord un recours formé au fond, en réformation de l'acte qui l'accorde ; en cas d'insuccès, une demande en indemnité peut être ensuite adressée à l'autorité compétente.

1° *Du recours au fond contre une concession de prise d'eau.*

Nous avons vu quels sont les riverains qui se trouvent lésés dans leurs droits, par la dérivation d'une partie des eaux de la rivière. Le décret du gouvernement ou l'arrêté préfectoral qui accorde la prise d'eau à la commune, est un acte administratif proprement dit ; il est susceptible d'un recours contentieux, le décret, devant le Conseil d'Etat ; l'arrêté, devant le ministre, avec appel au Conseil d'Etat.

Un recours purement gracieux devant l'administration mieux informée, est ouvert au riverain qui ne peut se plaindre que du froissement d'un simple intérêt.

Lorsque la réclamation de l'ayant droit a été rejetée, il peut encore introduire sa demande en indemnité.

2° *De l'action en indemnité pour dommages causés aux établissements autorisés, par une prise d'eau communale.*

Le litige peut se diviser en deux parties ; il y aura lieu d'examiner d'abord la légalité de l'établissement lésé ; on appréciera ensuite quelle indemnité il faut accorder à son propriétaire.

§ 1. — *Contentieux de l'appréciation des titres et de l'état de possession.*

La Cour de cassation s'était prononcée par la compétence judiciaire dans un arrêt du 21 mai 1855 (*Dumont, C. préfet de la Seine*), sous ce prétexte qu'apprécier les titres, c'était juger une question de propriété. Quelle que soit l'opinion que l'on admette sur la compétence au fond, il nous semble qu'il ne faut pas confondre ces deux choses : l'appréciation de la forme du titre, de sa légalité, d'une part, et de l'autre les difficultés de son exécution. Nous n'hésitons pas à admettre, au contraire, conformément à la doctrine consacrée par tous les arrêts du Conseil d'Etat, que l'autorité administrative est compétente pour statuer sur la validité des titres et l'état de possession du concessionnaire; c'est une question préjudiciable administrative, que celle de savoir s'il y a eu un acte d'autorisation administrative, ou une possession suffisante pour en tenir lieu ; les tribunaux ne sauraient être juges de l'existence et de l'étendue d'un acte administratif individuel (1).

1. C. d'Et., 17 mai (Majouvel) et 19 avril 1837 ; (Badin d'Hurtebise), 27 mars 1839 (moulins d'Albarèdes) ; 4 juillet 1840 (Gerspach) ; 6 sept. 1842 (de Tauriac), etc.

Il en serait autrement d'après MM. Proudhon, (IV, p. 116), Serrigny, (I, p. 272), et Chauveau, (II, p. 276), si l'acte de concession était attaqué comme entaché de féodalité, ou comme postérieur à 1566, ou si le riverain se prévalait d'un titre privé, par exemple un échange, une vente, autre qu'un acte de vente nationale.

Dans ces trois cas, l'acte doit être apprécié d'après les moyens et par la juridiction de droit commun.

§ 2. — *Contentieux de la réparation du préjudice.*

1. — La privation de la force motrice est un préjudice causé à la propriété ; ce préjudice doit être réparé. Comment le sera-t-il ? La jurisprudence des deux juridictions suprêmes a longtemps hésité, avant d'adopter la théorie universellement appliquée aujourd'hui.

Le Conseil d'Etat a professé d'abord cette doctrine, que la suppression de la force motrice d'une usine, est une expropriation de la compétence judiciaire, pourvu qu'elle résulte d'une diminution du volume de l'eau (1) ; lorsqu'au contraire il y a arrêt du mécanisme des roues, par suite d'engorgement, d'excès de hauteur de l'eau, il n'est plus possible de reconnaître un cas analogue à l'expropriation, il y a simple dommage de la compétence du conseil de préfecture. — Le conseil exceptait encore de la compétence des tri-

1. C. d'Et. 17 août 1825 (Manisse) ; 5 mai 1830 (Gestat) 17 avril 1834 (Dutertre); 10 juillet 1833 (Truffault); 14 novembre 1833 (Danglemont) 18 avril 1835 (Dietsch) ; 7 août 1843 (Blanc)

bunaux, le cas où les travaux, qui avaient occasionné l'abaissement du niveau de l'eau ne devaient être que provisoires ; et celui où, en présence de travaux même permanents, l'administration alléguait qu'elle travaillait à rendre aux usiniers, la force motrice dont ils avaient eu la jouissance. Il n'y avait alors encore qu'un simple dommage temporaire (1). Ces deux exceptions au principe général ne peuvent se rencontrer fréquemment dans la matière qui nous occupe.

En 1844, un revirement se produisit ; le conseil d'Etat revint sur sa jurisprudence, au moins en ce qui concerne les concessions sur les rivières navigables ; voici les considérants de la première affaire, où la doctrine primitive fut battue en brèche par de nouveaux principes.

« Considérant que loi du 8 mars 1810, applicable seulement, ainsi que cela résulte des articles 3. 6. 9. 16 et 23 aux biens immobiliers proprement dits, n'a renvoyé à l'autorité judiciaire que les questions d'expropriation, mais qu'il n'a en rien modifié les dispositions de la loi du 16 septembre 1807, en ce qui concerne les questions de dommages, dont les conseils de préfecture ont dû continuer à connaître, quelles que fussent d'ailleurs la nature, l'importance et la durée de ces dommages.

« Considérant que si, antérieurement à 1566, des usines ont pu être légalement établies sur les cours d'eau navigables ou flottables, il ne s'en suit pas qu'à aucune autre

1. C. d'Et. 9 mai 1841 (Aguado) ; 8 et 29 juin 1842 (Pruvost).

époque le cours même de ces eaux qui, par sa nature, ne peut constituer une propriété privée, ait été aliéné au profit des concessionnaires des usines, que dès lors, le conseil de préfecture est compétent pour connaître des demandes en indemnité, auxquelles les riverains pourraient avoir droit, à raison de dommage causé à leur usine, par suite de l'exécution des travaux publics dans la rivière du Tarn.

(C. d'Et. 17 mai 1844, *moulins d'Albarèdes*). Cette jurisprudence fut étendue, peu d'années après, aux rivières non navigables :

« Considérant que les lois du 8 mars 1810, du 7 juillet 1833 et du 3 mai 1841, n'ont enlevé à la connaissance administrative que les contestations relatives à l'expropriation des immeubles, et que les chutes et prises d'eau que les propriétaires utilisent ne constituent pas une propriété privée, leur suppression ou diminution est un simple dommage, dont l'appréciation est réservée à la juridiction administrative. »

(C. d'Et. 12 août 1851 (*Etienne*) 13 avril 1851 (*Rouxel*) 28 mai 1852 et 15 mars 1855 (*Ramière*) 25 août 1857 (*Robo*) ; 15 mai 1858 (*Dumont*) etc.

La Cour de cassation à commencé par appliquer à notre matière, sa célèbre distinction entre les dommages temporaires, et discontinus, qu'elle laissait à l'appréciation administrative, et les dommages permanents, qu'elle réservait aux tribunaux de l'ordre judiciaire. D'après elle, ces dommages permanents, parmi lesquels elle comprenait la suppression, ou diminution de force motrice, devaient être assimilés à une expropriation et déférée au jury pour la fixation de l'indemnité :

« Attendu, dit l'un de ses arrêts, que la jouissance est une portion essentielle de la propriété et que la modification ou l'altération permanente et perpétuelle de la jouissance modifie et altère évidemment la propriété ; d'où résulte le droit du propriétaire à une indemnité, comme s'il subissait une expropriation réelle du sol, nul sacrifice de la propriété à l'intérêt public ne devant être gratuit, sans le consentement du propriétaire.

« Attendu que toutes les questions relatives à la propriété des citoyens, sont essentiellement de la compétence de l'autorité judiciaire, sauf les droits de l'autorité publique pour l'exécution des travaux qu'elle a ordonnés, à charge d'une indemnité préalable.

(Cass. 30 avril 1838, et dans le même sens : 23 nov. 1836 et 23 avril 1838 (*Bruneau*) ; Dijon 17 août 1837 ; Lyon 1er mars 1838 ; Riom 23 mai 1838, Lyon 9 déc. 1840 ; Rouen 17 juillet 1843).

La Cour de cassation suivit de près l'évolution du conseil d'Etat ; elle abandonna sa doctrine sur les dommages temporaires et les dommages permanents, et proclama, pour la première fois dans un arrêt du 29 mars 1852 (*Pommier*), que les tribunaux administratifs ont pour mission d'ordonner la réparation du préjudice, résultant de travaux publics temporaires ou permanents, qu'il provienne du fait de l'entrepreneur ou du fait de l'administration.

Le Tribunal des conflits ne fut pas étranger à cette transformation de la jurisprudence ; les arrêts des 9 janvier 1849 (*de Montessuy*) ; 3 avril 1850 (*Préfet de l'Orne*) ; 3 avril 1850 (*Malley*) ; 17 juillet 1850 (*de Mortemart*) ; 28 novembre 1850 (*Ser*) ; 19 novembre 1851 (*Charoy*) ; avaient déjà résolu la question dans le sens de la nouvelle doctrine : compétence administrative, en cas de dommages mêmes permanents, compétence judiciaire en cas seulement d'expropriation totale ou partielle.

Cette théorie est la seule rationnelle ; nous avons déjà essayé de montrer que l'expropriation n'est faite que pour les immeubles ; et qu'elle ne peut s'appliquer à un droit de jouissance, indépendamment d'un fonds. On ne peut reconnaître dans la privation de force motrice, qu'un de ces dommages résultant de travaux publics que prévoit l'article 4 de la loi du 28 pluviôse an VIII (§ 4).

« Le conseil de préfecture prononcera.... sur les réclamations de particuliers, qui se plaindront des torts et dommages procédant du fait personnel des entrepreneurs et non du fait de l'administration. »

La même compétence s'applique par *a fortiori* aux torts et dommages procédant du fait de l'administration.

Quel que soit l'auteur des dommages, s'ils proviennent de l'exécution de travaux publics, le conseil de préfecture sera compétent pour allouer une indemnité (1). Elle sera

1. La Cour de cassation excepte cependant le cas où le jury aurait à prononcer une indemnité pour expropriation de l'usine ; incompétent pour fixer principalement l'indemnité de force motrice, il devient compétent pour la déterminer accessoirement à l'indemnité principale (Cass. 2 août 1865).

calculée sur le préjudice causé à l'établissement par la perte de sa force motrice ; on fera entrer en ligne de compte l'importance de la prise ou de la chute d'eau (1), l'état actuel de la rivière et aussi l'état de l'usine au moment où l'autorisation a été donnée ou renouvelée ; aucune indemnité supérieure ne sera accordée, quand bien même l'importance de l'établissement se serait accrue depuis la concession (C. d'Et. 25 avril et 20 juillet 1832 ; 30 mai 1834 ; 12 juillet 1837). A plus forte raison, ne devra-t-on pas calculer l'indemnité d'après la force motrice que l'usinier aurait pu obtenir au moyen d'amélioration dans son usine (C d'Et. 28 juill. 1866 1re et 3e espèce).

2. — Nous n'avons parlé que de la force motrice ; c'est que les dommages causés aux usines sont les plus fréquents et les plus importants. Il faut dire un mot aussi des irrigations. Lorsque la prise d'eau communale enlève à la rivière assez d'eau, pour qu'elle ne puisse plus suffire à alimenter les saignées et rigoles pratiquées le long de ses bords, il y a au profit des arrosants un droit à indemnité ; ce droit est fondé sur un dommage causé par un travail public à la propriété, dommage direct et matériel, le seul qui, d'après une jurisprudence constante, donne lieu à réparation, enfin dommage permanent. Le conseil de préfecture est compétent, en vertu de la loi de pluviose an VIII, pour fixer le montant de l'indemnité. Autrefois le Conseil d'Etat reconnaissait la compétence judiciaire, parce qu'il y

1. Conseil d'État, 19 juin 1874.

voyait une atteinte à la propriété (7 août 1843, Blanc ; v. Req. 2 février 1859). Le Tribunal des conflits (16 déc. 1850), ayant décidé que la suppression d'une servitude n'était qu'un dommage (En ce sens civ. 26 avril 1865, Req. 27 janvier 1868), la juridiction judiciaire a reconnu la compétence administrative pour la fixation d'une indemnité due pour privation du droit d'irrigation (Dijon 20 nov. 1872 ; *ch. de fer de Lyon*).

A qui l'indemnité doit être demandée.

C'est à la commune qui a fait exécuter les travaux ; l'entrepreneur n'est responsable que de son fait personnel, par exemple de l'exécution imprudente des travaux ; s'il était insolvable, la commune pourrait être recherchée.

Si le dommage, au contraire, résultait de l'exécution d'un plan adopté par le conseil municipal, les riverains lésés devraient actionner la commune, qui objecterait vainement des clauses du cahier des charges ou de la concession, en vertu desquelles l'entrepreneur aurait pris à sa charge le payement des indemnités (art. 1165, C. civ.), sauf toutefois le recours de la commune contre l'entrepreneur.

En aucun cas, l'action ne peut être intentée contre les ingénieurs (C. d'Et. 8 juillet 1818, *Rosier*).

Des clauses de non-indemnité.

Les clauses de non-indemnité peuvent avoir été stipulées au profit de l'administration dans l'acte de concession.

Le Conseil d'État a jugé qu'aucune indemnité ne devrait être accordée à l'usinier dont l'acte ancien de concession, contiendrait la clause de démolition et de privation d'eau à la volonté de l'administration (15 mars 1826). L'insertion de cette clause, dont une autorisation antérieure à 1566, priverait le concessionnaire du domaine public de toute réparation pour privation de sa concession, par le fait de l'exécution d'un travail public.

L'usage de ces clauses ne s'est pas perdu ; elles étaient employées autrefois pour éviter les recours des riverains auxquels on voulait bien accorder des droits d'usage, mais à condition qu'on serait maître de les en priver, sans les indemniser ; introduite dans la pratique de l'administration de 1810 à 1829, elle fut abandonnée en 1829, pour être reprise en 1841. C'était à la fois donner et retenir ; elle avait encore l'inconvénient d'être une menace permanente pour les usiniers, mal assurés du lendemain, et peu encouragés à fonder de nouveaux établissements. Aussi fut-elle condamnée par le Conseil d'État, qui posa en principe que la clause de non-indemnité devait être tenue pour non écrite, à moins qu'elle ne visât les travaux qui seraient nécessaires pour la police et la répartition des eaux (C. d'Ét., 30 juin 1860, 12 août 1862 ; 10 septembre 1864 ; 9 déc. 1864 ; 24 fév. 1865 ; 20 juin 1865 ; 9 janvier 1867). L'administration se décida à modifier l'ancienne clause dans le sens des vœux du Conseil d'État et une circulaire du ministre des Travaux publics du 20 avril 1865, prescrivit l'insertion dans les concessions à venir de cette disposition :

« Le permissionnaire ou son fermier ne pourront prétendre à aucune indemnité, ni dédommagement quelconque, si, à quelque époque que ce soit, l'administration reconnaît nécessaire de prendre, dans l'*intérêt de la police* et de la *répartition des eaux*, des mesures qui les privent, d'une manière temporaire ou définitive, de tout ou partie des avantages de la présente autorisation, tous droits antérieurs réservés. »

Cette clause n'a pas d'utilité pour les concessions sur les rivières du domaine public, qui ne donnent pas droit à indemnité quand elles sont supprimées. Quant aux autorisations sur les rivières non navigables, elles peuvent être soumises à telle condition qu'il plaît au gouvernement d'imposer, dans l'intérêt du régime des eaux, puisqu'il peut, à son gré, les accorder ou les refuser. Le droit de l'administration dérive de son pouvoir de police et de surveillance sur tous les cours d'eau.

Le projet de Code rural dispose dans son article 119, que les prises d'eau des communes devront être autorisées par un décret déclaratif d'utilité publique, portant en même temps, s'il y a lieu, réglement du partage des eaux entre les communes et les usagers. La déclaration d'utilité publique aura pour effet de faire tomber les droits des usagers, moyennant une indemnité qui sera réglée dans les conditions de l'article 113 (par le Conseil de préfecture).

CHAPITRE III

DE L'EMPLOI DES EAUX SOUTERRAINES

Des sources artificielles d'une grande puissance peuvent être obtenues, soit par le drainage des eaux superficielles, soit surtout par le forage de puits artésiens.

Ces travaux peuvent-ils donner lieu à des indemnités au profit des propriétaires qu'ils ont privés de leurs eaux?

On reconnait ordinairement que l'art 552 autorise le maître d'un fonds à faire les fouilles qu'il lui plaît, dans le but de se procurer de l'eau, alors même que ces ouvrages auraient pour résultat de couper les sources des héritages voisins. Ce principe ne souffre de limitations que lorsque les propriétaires limitrophes ont stipulé de leur voisin une renonciation formelle à ses droits, ou acquis une servitude en empêchant l'exercice; ces cas exceptionels étant réservés, chacun a, sur les eaux qu'il fait jaillir de son terrain, un droit de propriété et nul n'est fondé à lui réclamer une indemnité (Cass. 29 nov. 1830; *c. de Fagnon*; 15 janvier 1835; *c. de Fayence*; 26 juillet 1836; *V. d'Apt*; 15 avril 1840, *Brosson*; 16 mai 1870, *Bobone*; et pour les restrictions: Cass. 19 juillet 1837, *Richard*; 21 avril 1873, *Rey*).

Un arrêt récent du Conseil d'Etat, parait néanmoins destiné à inaugurer une nouvelle jurisprudence sur le point qui nous occupe. Jusqu'à présent le conseil d'Etat avait refusé d'allouer une indemnité aux propriétaires que des travaux publics avaient privés de leurs eaux de source (C. d'Et. 16 août 1860 ; 16 mars 1870 ; 14 Déc. 1877 ; 11 juillet 1879), sauf dans certaines hypothèses spéciales et parfaitement déterminées (C d'Et. 24 février 1865 ; 9 mai 1873 ; 21 février. 1879 ; 25 février et 29 juillet 1881.) ; dans un arrêt du 11 mai 1883 (*Chamboredon c. Cie P.-L.-M.*), il pose des principes tout différents; le droit à une indemnité devient la règle, par ce motif que : « les dispositions du code, comme le disait le rapporteur, ne s'appliquent pas *ipso facto* en matière de dommages causés par des travaux publics..... ; elles ne peuvent recevoir leur application, que lorsque les travaux n'excèdent pas, par leur nature et leur importance, ceux que le Code a pu prescrire comme conséquence des relations ordinaires du voisinage entre propriétés privées. » Le Conseil d'Etat a reconnu dans cette affaire, que les travaux d'ouverture d'un tunnel ne sont pas, à raison de leur importance, de ceux auxquels s'applique l'art 552 du Code civil, qu'en conséquence, s'ils ont fait disparaître ou diminué les sources qui jaillissaient antérieurement sur les propriétés voisines, une indemnité est due de ce chef.

Cette restriction générale au droit illimité de faire des fouilles dans son héritage aurait son application naturelle aux travaux de forage d'un puits artésien, qui ont précisément pour but d'amener les eaux souterraines à la surface du sol (1).

CHAPITRE IV

DES TRAVAUX ACCESSOIRES

La source acquise, la prise d'eau concédée, la fontaine jaillissante percée, il s'agit d'amener les eaux à la ville au moyen d'un aqueduc, de construire des réservoirs, d'établir des tuyaux sous les rues et d'édifier des fontaines. Tous ces travaux sont des travaux publics ; les dommages auxquels ils peuvent donner lieu sont de la compétence du conseil de préfecture (loi de pluviôse an VIII).

Pour exécuter les travaux d'adduction, la ville peut obtenir des particuliers, l'établissement d'une servitude d'aqueduc, à travers leurs propriétés ; sinon, elle sera obligée d'exproprier ; lorsqu'elle a obtenu pour l'acquisition de la source un décret déclaratif d'utilité publique, ce décret vise, ordinairement aussi, les terrains nécessaires à l'établisse-

1. Il peut être intéressant de faire observer que, lors du percement du puits de Passy, le débit du puits de Grenelle a diminué brusquement de moitié; leurs eaux proviennent évidemment de la même nappe souterraine.

ment d'un aqueduc ; lorsqu'elle a acquis la source à l'amiable, ou qu'elle fait une prise d'eau sur une rivière, un décret spécial est rendu.

La canalisation de l'eau sous les rues ne souffre de difficultés que lorsqu'elle doit être exécutée en partie sur des propriétés particulières. Les tribunaux judiciaires ont vu dans l'établissement de ces tuyaux, une véritable expropriation et se sont prononcés pour la compétence ordinaire, lorsqu'il s'est agi de prix d'indemnité. Le Tribunal des Conflits (19 nov. 1851 (*Charoy*) n'a pas admis cette prétention ; il n'a vu là qu'un simple dommage de la compétence administrative, au point de vue de la réparation du préjudice. Il a laissé au contraire à l'autorité judiciaire le soin de trancher la question de savoir si la propriété privée était tenue de supporter les tuyaux de conduite.

La ville est propriétaire de tous ses aqueducs, canaux, tuyaux, fontaines, etc., à titre de dépendances de son domaine public.

DEUXIÈME PARTIE

Du régime légal des eaux publiques

CHAPITRE PREMIER

DE LA DOMANIALITÉ DES EAUX PUBLIQUES

Les eaux des fontaines publiques, avec toutes leurs dépendances, aqueducs, tuyaux de conduite, fontaines, châteaux d'eau, font partie du domaine public municipal ; elles sont en effet de ces choses qui, affectées à un service public, ne sont pas susceptibles de propriété privée. Le principe de la domanialité a été posé pour la première fois par une ordonnance en Conseil d'Etat du 23 octobre 1835 (*Delorme*), pour les eaux de la ville de Paris :

« Considérant qu'il résulte des lois et règlements de la matière que, sous l'ancienne, comme sous la nouvelle législation, les eaux de Paris, qui sont destinées en premier lieu au service des palais de l'Etat, des établissements publics appartenant soit à l'Etat, soit au département, soit à la capitale, ont toujours été administrées et le sont toujours comme étant du domaine public, que leur service est d'administration publique.... » (V. dans le même sens C. d'Et. 1 juin 1849 (*Pommier*) ; 5 janvier 1850 (*Delalain*) ; 18

janvier 1851 (*Clausse*) ; 1er décembre 1859 (*Camus*) ; 31 janvier 1861 (*Lerebours*). Nous ne reviendrons pas sur l'historique nous avons avons donné des eaux de la ville de Paris ; qu'il nous suffise de rappeler que le service était en effet confié, dès la fin du xve siècle, à une administration publique, sous l'au'orité et à la surveillance du Bureau de la ville ; et que le décret du 4 septembre 1807 n'a pas innové sur ce point, en disposant que toutes les eaux de Paris seraient réunies en une seule administration, exercée par le préfet de la Seine, surveillée par le directeur général des Ponts-et-Chaussées, que les travaux seraient projetés et exécutés dans les mêmes formes que ceux des ponts-et-chaussées, que la comptabilité serait également tenu de la même manière et que le service serait fait par des agents de l'Etat.

Il n'y a aucune raison pour faire une distinction, au point de vue de la domanialité, entre les eaux de Paris et celles des autres villes de France ; elles font toutes partie du domaine municipal ; la seule différence qui existe entre elles, c'est que les premières ont été, par une série d'édits royaux, soumises au régime de la grande voirie et au pouvoir réglémentaire du bureau de la ville, dont les ordonnances, rendues par délégation de la puissance souveraine, sont encore en vigueur aujourd'hui (loi des 19-22 juillet 1791) ; tandis que partout ailleurs le régime des eaux municipales fait partie de la petite voirie.

La domanialité des eaux publiques est aujourd'hui bien établie en doctrine et en jurisprudence : « les fontainse publiques, dit Lalaure (des *Servitudes* liv. I., ch. VIII) sont de droit public. » ; « les eaux...., dit Gaudry (du Domaine I. 398.) constituent le domaine public municipal. » (Dans le même sens, M. Ducrocq et la plupart des auteurs modernes) ;

« Attendu, déclare à son tour la Cour de cassation, que les eaux affectées au service public sont du domaine public municipal » (Cass. 4 juin 1866 (*Flameng*) ; et son opinion est partagée par tous les arrêts tant de la cour suprême, que des cours d'appel et des tribunaux (V. Aix 13 juin 1865 (*Flameng*) ; Cassation 17 avril 1866 (*Motte*) ; 28 mai 1866 (*Alger*) ; Dijon, 23 janvier 1867 (*c^e de Decize*) ; Lyon, 3 mars 1877 et 14 janvier 1881 ; Colmar 28 mars 1869 ; Req. 15 novembre 1869. Nîmes, 4 avril 1870).

Le principe n'est donc plus contestable aujourd'hui ; il ne peut y avoir de difficultés que sur son application ; encore seront-elles facilement résolues. Suffirait-il par exemple, pour qu'une fontaine soit domaniale, qu'elle appartienne à une commune ?

Aucunement ; il faut encore qu'elle serve à l'usage personnel des habitants pour leur alimentation, ou celle de leurs bestiaux, pour le lavage, l'arrosage etc..., en un mot qu'elle réponde à un besoin public. Il en serait autrement si, par exemple, la fontaine était établie dans un bien de domaine privé communal et ne servait qu'à son exploitation ; elle resterait elle-même une propriété privée.

Conséquences du principe de la domanialité

Elles sont au nombre de trois :

1° Les eaux domaniales sont inaliénables ;

2° Elles sont imprescriptibles ;

3° Les concessions qu'on en peut faire sont essentiellement précaires et révocables. Nous traiterons plus loin ce troisième point, à propos des concessions.

De l'inaliénabilité et de l'imprescriptibilité des eaux publiques

Les eaux des villes partagent l'indisponibilité de tous les biens qui composent le domaine public ; elles ne peuvent être l'objet d'aucune aliénation directe ou indirecte.

Quelques auteurs, et le plus illustre d'entre eux, M. Troplong (Prescrip. n° 168 et s.), ont proposé une distinction :

Sans doute, disent-ils, on ne peut acquérir, ni par titre ni par prescription, les eaux qui sont destinées à un service d'utilité publique, mais il y a des cas où le caractère public des eaux communales disparaît, et alors nous ne voyons pas pourquoi elles ne seraient pas aliénables et prescriptibles. L'administration municipale en offrant des concessions d'eau aux particuliers, ne convient-elle pas elle-même que le débit de ses aqueducs dépasse les besoins de la population ? Elle fait une répartition entre l'intérêt public et l'intérêt privé et tandis qu'elle réserve au premier une fraction inaliénable de ses eaux, elle accorde au second une quantité donnée des mêmes eaux, qu'elle rend au commerce. Ces concessions sont une aliénation des eaux superflues, c'est-à-dire d'un bien communal qui cesse d'être affecté à un service public ; elles sont donc définitives. Doit-on conclure de là, continue M. Troplong, que, puisque l'eau des fontaines est aliénable, elle est également prescriptible ? Il faut distinguer. Si des règlements généraux ont déterminé la quantité d'eau qui pourrait être concédée aux habitants, oui, dans la mesure de cette quantité. La partie aliénable sera déterminée dans ce cas par le produit de la multiplication du nombre des habitants de la commune, par le volume d'eau susceptible d'être cédé à chacun d'eux ; la prescription pourra se réaliser dans les limites du volume total obtenu par cette opération. A défaut de règlement général, dit toujours M. Troplong, aucune prescription ne sera possible ; la possession de l'eau ne sera « qu'un intervalle passager plus ou moins long sans doute, mais toujours provisoire et dominé par la crainte d'une éviction légale et acceptée d'avance » ; elle ne peut donc fonder un droit.

Le raisonnement de cette doctrine fut d'abord accepté par les tribunaux ; la Cour de cassation confirma un jugement de Marseille du 26 mai 1829 fondé sur les considérants suivants :

« Si l'on peut dire que les eaux destinées à l'usage des habitants d'une commune ne sauraient être aliénées, ni prescrites, il n'en est pas de même du superflu de ces mêmes eaux qui aurait été aliéné, ce superflu rentrant dans le domaine privé de la commune.... » (Rej. 21 mars 1831).

La Cour de cassation affirma une seconde fois les mêmes principes dans un arrêt plus récent, en déclarant que les eaux d'une fontaine publique sont prescriptibles, pour la portion de ces eaux qui, aprés satisfaction des besoins des habitants, peuvent être considérées comme surabondantes et superflues. Il s'agissait dans l'espèce de se prononcer sur la question suivante : des travaux apparents, établis en partie sur la voie publique, pour recevoir l'eau qui découlait du trop plein d'une fontaine, sont-ils de nature à fonder une possession pouvant conduire à la prescription? L'affirmative fut jugée par la Cour suprême (Req. 9 janvier 1860) qui, dans une autre affaire, l'année suivante, n'hésita pas à revenir sur sa jurisprudence et à décider que la possession des eaux est essentiellement précaire, même lorsqu'elle est exercée au moyen d'ouvrages apparents établis à la sortie de la fontaine publique, et que la commune conserve le droit de détourner les eaux dans l'intérêt des habitants, malgré une jouissance plus que trentenaire (Civ. 20 août 1861).

En effet, la théorie opposée à celle de M. Troplong nous paraît bien mieux fondée et elle est plus généralement admise ; nous ne pouvons admettre cette distinction entre les eaux du domaine public et celles du domaine privé ; quel est le signe auquel on reconnaîtra la destination publique? comme si la possession de l'eau pendant une durée de trente ans laissait subsister le moins du monde une affectation d'intérêt général.

M. Daviel fait remarquer que la doctrine sur la prescriptibilité n'est pas plus soutenable : le réglement général dont parle M. Troplong, n'existe pas, et il ne saurait exister ; nulle part, les aqueducs publics n'amènent assez d'eau pour que chaque habitant en puisse obtenir un filet séparé. Et ensuite, si la portion incessible avait été plus qu'absorbée par les possesseurs particuliers, comment assignerait-on un ordre de préférence aux divers habitants qui, chacun de leur côté, invoqueraient la prescription (1) ?

Les auteurs de la jurisprudence ont nettement posé des principes contraires : *La fontaine publique se compose des eaux entières de la source* ; celles-ci sont pour le tout inaliénables et imprescriptibles ; toute possession est précaire, même si elle remplit les conditions de l'article 2229 (Jug. du Puy 19 juillet 1866) et la ville ne perd jamais son droit de reprendre la totalité des eaux qu'elle aurait laissé usurper pendant plus de trente ans, même partiellement.

La ville de Brignoles recevait par trois canaux des eaux de source, qui servaient à l'alimentation de ses fontaines ; deux d'entre eux étaient à ciel ouvert et avaient été l'objet de travaux apparents au moyen desquels les riverains effectuaient des prises d'eau pour l'arrosage de leurs propriétés. Plus de trente ans s'étaient écoulés depuis ces travaux, lorsque la ville, voulant augmenter le débit de ses fontai-

1. Daviel II. 459.

nes, entreprit de faire couvrir les canaux ; les riverains invoquèrent la prescription. La Cour de cassation reconnut le droit de la commune de modifier le cours de ses eaux, et décida que la ville en permettant les prises d'eau des riverains, n'avait fait qu'un acte de simple tolérance, lequel n'avait pu fonder ni possession, ni prescription, et elle en donnait le motif suivant :

« Attendu qu'il ne s'agit que d'eaux momentanément inutiles à la ville, dont elles sont la propriété, et qu'elle laissait dériver temporairement jusqu'à ce qu'elle fût appelée à les approprier aux besoins publics de la ville (Cass. 11 avril 1843). »

La même doctrine fut consacrée en ce qui touche l'égoût des fontaines, par plusieurs arrêts, outre celui que nous avons déjà cité (Grenoble 30 novembre 1867 ; Colmar 18 mars 1869 ; Req. 15 novembre 1869, etc...) ; l'eau qui tombe de la fontaine appartient au domaine public municipal ; la surabondance est une circonstance indifférente et variable, qui n'empêche nullement la commune de reprendre ses droits, lorsque le besoin s'en fait sentir, et il importe peu que des travaux apparents aient été exécutés sur le territoire communal, en vue d'une appropriation privée.

De la liberté des fontaines publiques.

Aujourd'hui chacun peut aller puiser librement aux fontaines publiques, à son tour d'arrivée. Il n'en était pas de même autrefois, au moins à Paris.

Parmi les anciennes fontaines, il y en avait qui étaient dites *marchandes*, où les porteurs d'eau devaient aller prendre l'eau qu'ils revendaient ensuite aux Parisiens ; et pour cela, ils payaient une légère redevance ; au contraire les particuliers qui venaient chercher l'eau nécessaire à leur consommation personnelle ne payaient rien et avaient le droit de remplir immédiatement leur seau, avant tout porteur d'eau ; lorsqu'on établit les bornes-fontainc, les habitants purent y prendre de l'eau gratuitement, pendant les heures où elles étaient ouvertes.

Il y a quelques années, il y avait encore des porteurs d'eau, mais ils avaient chez eux une concession de la ville et un réservoir à filtre. Cette industrie qui a perdu son utilité, depuis que Paris a des eaux limpides à sa disposition, a disparu, non moins que les fontaines marchandes. L'usage des concessions particulières n'y a pas peu contribué.

Il est défendu de puiser l'eau dans les bassins des fontaines monumentales, mais quelques-unes sont pourvues de robinets distribuant l'eau pour l'usage des particuliers.

CHAPITRE II

DES CONCESSIONS

1. — *De leur nature.*

Le caractère domanial des eaux communales ne fait pas obstacle à ce que l'autorité compétente consente, en faveur des particuliers, des concessions sur la partie de ces eaux qui excède les besoins publics, tous les services d'utilité générale ayant été satisfaits. De tout temps, en effet, nous voyons les administrations accorder à des citoyens le droit d'amener chez eux, pour l'utilité ou l'embellissement de leurs demeures, une quantité déterminée des eaux publiques. L'usage existait à Rome ; il s'est perpétué en France depuis l'établissement des premiers aqueducs. Aujourd'hui, on ne concevrait pas qu'une ville d'une certaine impor- n'eût pas son entreprise de distribution d'eau ; et le produit des concessions forme pour quelques-unes de nos cités une branche importante de leurs ressources (1).

Les concessions sont des contrats passés par les communes, ou en leur nom par l'entrepreneur qu'elles se sont substitué, en vertu desquels les particuliers s'engagent à payer une redevance déterminée en échange d'une certaine

1. En 1877, 2146 communes avaient des entreprises de distribution d'eau. — Le produit est à Paris de 6 à 7 millions.

quantité d'eau qu'ils sont autorisés à prendre sur les conduites publiques. Autrefois les concessions étaient souvent accordées à titre gratuit. Nous savons par l'histoire des eaux de Paris, sous l'ancien régime, que le service de l'eau était fait gratuitement à certains personnages, soit en récompense des services qu'ils avaient rendus à la ville, soit en prévision de ceux qu'ils pouvaient lui rendre. C'est ainsi que les hôtels du roi, des princes et des seigneurs de la cour, plus tard, des ministres, du prévôt des marchands, etc., étaient pourvus sans frais d'abondantes fontaines. Parfois aussi, comme il arriva lors de la recherche des eaux d'Arcueil, on accordait à l'entrepreneur chargé des fouilles et des travaux, une partie des eaux qu'il réussissait à amener dans la ville, ou bien l'administration faisait des concessions à de riches particuliers, qui se chargeaient en retour de la construction d'un travail public, d'une fontaine, par exemple. Aujourd'hui, les concessions se font à prix d'argent ; mais la redevance est plutôt la représentation du service rendu par la commune aux citoyens, mis à même de jouir plus aisément de l'eau publique, que le prix réel d'une chose qui n'est pas dans le commerce.

Quelle est la nature du droit du concessionnaire ?

L'usage d'un bien du domaine public ne peut être que précaire ; les concessions d'eau sont essentiellement *révocables*. M. Troplong a essayé de prouver le contraire ; il s'est appuyé pour cela sur les textes romains que nous connaissons et sur cette idée que le volume d'eau concédé a cessé, par l'effet même de la concession, de faire partie du domaine public municipal, pour devenir aliénable tout aussi bien qu'un autre bien du patrimoine privé d'une commune; nous ne reviendrons pas sur la réfutation de cette théorie; disons seulement que les concessions ne peuvent nuire à l'alimentation régulière des fontaines publiques, qui doivent être pourvues les premières, qae les concessions ne sont légitimes qu'autant que le service public est assuré, et qu'elles peuvent être supprimées dès que la nécessité l'exige. « L'emploi des eaux concédées, dit le Conseil d'Etat, est surbordonné aux besoins de la consommation et aux moyens d'y pourvoir » (23 oct. 1835). « Les nécessités publiques, dit M. Daviel, doivent être avant tout et toujours satisfaites.... en temps de sécheresse, les prises d'eau particulières doivent être fermées, pour laisser toute l'eau disponible aux fontaines publiques, et cela sans contestation; il doit en être de même si, la population augmentant, de nouveaux besoins se manifestent. »

La distinction entre les eaux affectées au service public et les eaux superflues ne repose sur aucun fondement solide; comme le dit fort bien la Cour de Cassation : « les besoins d'une cité n'ont pas un caractère absolu et invariable.... l'eau surabondante peut devenir ultérieurement nécessaire... l'intérêt public lui imprime le même caractère d'inaliénabilité et d'imprescriptibilité. » (4 juin 1866, *Flamencq*).

La précarité des concessions d'eau a toujours été la règle de notre ancien droit administratif; elle était sous-entendue dans tous les cas, quelquefois expressément stipulée, comme nous pouvons en juger d'après les lettres du prêvôt des marchands accordant une concession à Pierre de Montigny, conseiller de François Ier, en 1529 ; après lui avoir recommandé expressément d'être économe de l'eau municipale, le prévôt fait une réserve importante « à la charge aussi, dit-il, que si, par fortune de temps ou autre nécessité, les eaux de ladite fontaine en ladite ville défaillaient, en manière que ladite ville en eût nécessité, en ce cas, pourra ladite ville arrêter le cours de ladite fontaine octroyée audit révérend, sans y garder aucune solennité de justice (1). »

Les registres du Conseil du roi et du Bureau de la ville nous ont conservé un grand nombre d'exemples de révocations de concessions faites au cours des cinq derniers siècles de la monarchie ; le premier édit de cette nature qui soit parvenu jusqu'à nous a été rendu par Charles VI, le 9 octobre 1392 ; le roi révoquait tous les privilèges qui avaient été obtenus soit de lui, soit de ses prédécesseurs, sur les eaux des fontaines de Paris et il s'interdisait d'en accorder à l'avenir « et s'il advenait que au temps avenir nous donnissions licence, chartres ou lettres quelconques à aucunes personnes de avoir aucuns conduits ou tuyaux, ou aucune partie de l'eau des fontaines dessus dites... voulons, ordonnons et déclarons dès maintenant pour lors que

1. A Rouen, la révocabilité était également réservée. La clef du regard sous lequel était établie la prise d'eau, devait rester aux mains du fontainier de la ville, pour lui permettre de fermer la prise d'eau, suivant les besoins de la consommation (Daviel III, 286).

à ladite licence ni à nos lettres, que sur ce octroyerions, ne soit aucunement obéi... » Malgré sa défense, le roi fut si bien obéi que les édits de révocation se succédèrent rapidement, sans grand succès apparent; il en fut rendu en 1554, en 1594, en 1608, en 1635, eu 1666, sans parler des très nombreuses ordonnances du bureau de la ville qui de 1553 à 1763 furent publiées dans le même but; les abus renaissaient plus violents, après chaque mesure de rigueur qu'essayait de prendre l'administration.

La révocabilité des concessions est donc une tradition historique; elle est consacrée par la jurisprudence, mais les conditions dans lesquelles elle peut être exercée ne sont pas appréciées de la même façon par les arrêts :

Suivant un premier système, la concession est affectée de deux conditions, l'une que les fontaines publiques seront toujours préalablement pourvues d'eau, l'auutre que, si l'eau vient à manquer, le droit concédé sera retranché ; la révocation de la concession est ainsi subordonnée à l'insuffisance du débit des fontaines et à la preuve que doit faire la ville de cette insuffisance. (Rouen, 26 avril 1837; Civ. 21 août 1861 ; Lyon 14 janvier 1881).

Dans un second système, on soutient que la commune a le droit de *révocation ad nutum* : elle n'a pas à faire la preuve que les eaux sont nécessaires à ses besoins et peut ne maintenir la concession qu'en la soumettant à des conditions plus onéreuses, sauf au concessionnaire à renoncer à la concession. La cour d'Aix a, la première, établi cette doctrine dans son arrêt du 13 juin 1835 (*Flamencq*) :

« en recourant, dit-elle, aux titres de concession, on y trouve toujours l'idée d'un abandon temporaire de la jouissance, et non d'une aliénation définitive de la propriété.... Les concessions étant précaires et révocables, la ville a pu ne les maintenir qu'en les soumettant à des conditions plus onéreuses pour le concessionnaire. »

Tels sont, en effet, les vrais principes ; s'il est vrai que la jouissance du domaine public est précaire, il faut pousser jusqu'au bout la logique de la doctrine et décider que la commune, maîtresse de ses droits, peut imposer aux concessionnaires, établis en possession d'une fraction de son domaine, telles concessions qu'il lui plaît, sauf bien entendu à ceux-ci à se retirer, en abandonnant leur droit d'usage, s'ils trouvent les conditions inacceptables (Cass., 28 mai 1866. *Ali-ben-Amoud*, 4 juin 1866 (*Flamencq*).

Les questions litigieuses ne se présentent pas toujours dans la pratique avec la même simplicité. — La Cour de cassation a jugé que les eaux pouvaient entrer dans le domaine public grevées de certaines charges résultant de la convention ; que par exemple il faudrait déclarer valable la convention portant qu'un particulier, pour prix d'une servitude d'aqueduc qu'il confère à une commune sur son terrain, pour la conduite dans une fontaine d'eaux de sources communales, aura l'usage d'une partie de ces eaux, durant leur parcours dans sa propriété (Cass., 20 février 1867).

La Cour de Lyon crut pouvoir appliquer la même théorie à une espèce qui lui parut analogue : un service d'eau avait été établi dans une commune, aux frais de souscripteurs qui avaient stipulé, pour prix de leur concours, qu'ils avaient droit à des concessions particulières ; sur les plaintes des souscripteurs, qui avaient été privés de l'eau, la Cour de Lyon décida que la commune ne pouvait supprimer les concessions, sans avoir tout au moins rapporté la preuve que les eaux ainsi aliénées étaient nécessaires à l'alimentation des habitants ; elle fondait son arrêt sur ce que les concessions étaient antérieures à l'acquisition des eaux par la commune, et que dès lors les eaux n'avaient été affectées à un usage public que déduction faite de la part revenant aux souscripteurs ; la doctrine de l'arrêt de 1867 devait trouver ici son application (Lyon, 14 janvier 1881).

La Cour de cassation cassa l'arrêt de Lyon ; elle jugea que les droits créés par la convention étaient une aliénation anticipée du domaine communal, que la concession ne pouvait avoir d'effet que du jour où les eaux appartiendraient à la ville, et que, de ce jour même, par le fait de l'acquisition, elles devenaient inaliénables, puisqu'elles faisaient partie du domaine public ; dès lors les concessions étaient essentiellement précaires et révocables, et la ville ne faisait qu'user de ses droits en les supprimant, sans avoir aucune preuve à fournir.

En opposant cette argumentation à l'arrêt de la cour de Lyon, la Cour de cassation se plaçait à un point de vue différent de celui où elle s'était placée en 1867 ; mais aussi les espèces n'étaient point identiques. En 1867 il s'agissait d'acquérir une servitude de passage pour des eaux que la ville possédait déjà ; la concession d'une prise d'eau était la condition nécessaire de la constitution de la servitude ; et l'une des parties du contrat ne pouvait être maintenue sans que l'autre le fût. Ici au contraire, la convention avait pour but l'acquisition d'une source qui n'appartenait pas encore à la commune, et la concession portait sur les eaux elles-mêmes de cette source. Il y avait donc une aliénation du domaine public. — Il nous paraît cependant que la Cour de cassation eût pu, si elle l'eût voulu, trancher la difficulté dans le même sens qu'en 1867, en disant : la commune a acquis la source, partie de ses deniers, partie de ceux des souscripteurs ; elle peut être considérée comme ayant traité sous la réserve du droit de ces derniers ; la source n'est entrée dans le domaine public que pour la part contributoire de la commune. Elle ne l'a pas voulu, et par sa décision, elle a tenu la main à l'application rigoureuse de la protection domaniale.

Les concessions sont ordinairement révocables sans indemnité, qu'elles soient anciennes ou modernes, concédées à titre gratuit ou moyennant la prestation d'une redevance annuelle ; la redevance cesse d'être exigible et les deux parties sont déliées l'une envers l'autre. Mais qu'arrive-t-il lorsque la concession a été faite moyennant une somme d'argent payée ? Le concessionnaire obtiendra le remboursement de ce qu'il a dépensé ; si c'est un travail qu'il a exécuté, on en fera l'évaluation. Il en serait autrement, si malgré la cause d'achat à titre onéreux le contrat, portait que tout ou partie des eaux pourrait être retiré au concessionnaire, en cas de nécessité publique (Cons. Et. 9 août 1870).

2. — *Du tarif, du règlement et du contrat de concession.*

Les tarifs sont dressés par le Conseil municipal et soumis à l'approbation du préfet (art. 68 et 69 loi munic.).

Le règlement des abonnements est pris par le maire sous forme d'arrêté, après avis du Conseil municipal.

Nous empruntons au dernier règlement sur les abonnements au eaux de Paris du mois de juillet 1880, approuvé par le préfet de la Seine le 13 août 1880, quelques-unes de ses principales dispositions. Elles sont communes à la plupart des règlements du même genre :

1° Le contrat de concession est passé sous forme de police. La police indique la demande du particulier, le mode d'abonnement, la quantité à fournir et l'emploi auquel l'eau est destinée, elle contient l'engagement de payer la redevance. L'acceptation de la Compagnie des eaux (ou celle de la ville, s'il y a régie simple), est indiquée par la signature du directeur de la Compagnie (ou du maire).

Ajoutons que la Compagnie des eaux ne peut refuser de consentir un abonnement à toute personne qui se conforme aux règlements administratifs (Cass. 25 juin 1884).

Les frais de timbre et d'enregistrement sont à la charge de l'abonné (art. 37). Aux yeux de l'administration de l'enregistrement le contrat de concession est un marché de fournitures possible du droit d'enregistrement de 2 pour 100 (Req. 31 juillet 1883).

2° Il est formellement interdit à tout abonné de laisser embrancher sur sa conduite, soit à l'intérieur, soit à l'extérieur, aucune prise d'eau au profit d'un tiers.

« Les eaux de la ville de Paris, étant des eaux publiques, inaliénables et imprescriptibles et ne pouvant faire l'objet d'un commerce, ne sont concédées aux habitants qu'à la condition de n'en disposer que pour leur usage personnel ou celui de leurs locataires.

« Il est donc interdit à l'abonné de disposer ni gratuitement, ni à prix d'argent, ni à quelque titre que ce soit, en faveur de tout autre particulier *ou intermédiaire*, de la totalité ou d'une partie des eaux qui lui sont fournies d'après sa police d'abonnement, ni même du trop plein de son réservoir.

L'abonné ne pourra non plus augmenter à son profit le volume de son abonnement » (art. 30).

Les réglements antérieurs du 1er août 1846 et 30 novembre 1860 ne contenaient pas ces mots : *ou intermédiaires* ; ils ont été ajoutés pour empêcher toute convention entre le propriétaire et un tiers, dans le but de faire payer aux locataires un prix supérieur à celui de la police. Le propriétaire garde le droit de charger un mandataire de veiller à toutes les formalités de l'adduction, et de la répartition des frais entre les locataires, mais ce mandataire ne pourrait prétendre imposer à ces derniers une redevance plus forte que ne le comporte l'abonnement dont ils profitent, plus les frais de la pose des appareils.

3° Il est interdit aux abonnés de se servir de l'eau pour un autre usage que celui défini en la police, sous peine de dommages et intérêts et même de déchéance (art. 33).

Lorsque la concession a été faite pour les usages domestiques, il est interdit, par exemple, de l'employer à l'industrie, mais il n'y aurait pas d'infraction au réglement, si on s'en servait pour l'arrosage de l'intérieur de l'habitation et même de l'extérieur, surtout si cet arrosage était prescrit par un réglement de police (Civ. reg., 6 fév. 1873).

4° Les abonnés ne peuvent pas réclamer d'indemnité pour les interruptions momentanées de service résultant soit des gelées, sécheresses, réparation des conduites, etc. soit du chômage des machines d'exploitation, soit de toutes autres causes analogues (art. 9). Cependant si l'interruption excédait trois jours, l'abonné aurait droit à une déduction dans le prix de son abonnement.

5° A Paris, l'eau est délivrée de trois manières différentes :

1° Par robinets libres ; ces abonnements ne sont accordés que pour l'alimentation des appartements habités bourgeoisement (art. 3), la redevance en est de 16 fr. 20 par an ;

2° Par écoulement constant ou intermittent, réglé par un robinet de jauge, dont les agents ont seuls la clef (art. 2) ;

3° Au compteur (art. 8).

Chaque propriété particulière doit avoir un embranchement séparé avec prise d'eau distincte sur la voie publique ; les travaux sont exécutés aux frais de l'abonné, mais par les ouvriers de la Compagnie, jusqu'au réservoir, en cas de distribution à la jauge, jusqu'au compteur, en cas d'abonnement au compteur jusqu'au mur de face intérieur (plus 50 centimètres) en cas d'abonnement à robinet libre.

Les particuliers sont exclusivement responsables envers les tiers de tous les dommages causés par l'établissement et l'existence de leurs conduites, sauf un recours contre qui de droit (art. 28) ;

6º L'abonnement est annuel ; sauf convention contraire, il se continue par tacite reconduction.

Il a été jugé par expérience que cet usage, très important au point de vue des droits d'enregistrement, n'avait rien de préjudiciable, ni aux intérêts de la ville, ni à ceux des particuliers.

3. — *Des modes de perception de la redevance*

La redevance peut être perçue de quatre façons différentes :

1° En régie simple.

2° En régie intéressée.

3° En ferme.

4° Par un concessionnaire.

Les règles du décret du 17 mai 1807 sur les octrois sont applicables aux trois premiers modes de perception.

1. — La régie simple est la perception par les préposés de la commune ; dans ce système, le conseil municipal

règle le service de distribution, l'organisation du personnel, le nombre et le traitement des employés ; sa délibération est exécutoire ; le maire nomme et invoque les agents (art. 102, décret de 1809).

2. — Dans la régie intéressée, le régisseur s'engage à payer un prix ferme et en outre une portion du produit, c'est-à-dire de l'excédant des recettes sur le prix principal, auquel on ajoute une somme pour les frais ; cette somme ne peut excéder le douzième du prix fixe du bail (art. 104 et 105, D. 17 mai 1809).

Le partage des bénéfices se fait provisoirement chaque année et définitivement à la fin du bail.

3. — Lorsqu'il y a ferme, la perception est faite par l'adjudicataire à ses risques et périls, moyennant un prix annuel.

La régie intéressée et la ferme sont mises en adjudication avec concurrence et publicité ; un cahier des charges est dressé par le maire ; elles sont adjugées au plus offrant et dernier enchérisseur, à l'extinction des feux (art. 113 id.) ; une surenchère d'un douzième dans les vingt-quatre heures donne lieu à une seconde adjudication (117).

Aucune adjudication ne peut excéder trois ans, non compris ce qui reste à courir de l'année, jusqu'au 31 décembre ; l'adjudication est préparée et présidée par le maire, assisté de deux conseillers municipaux ; le receveur municipal est appelé (art. 89 de la loi municipale). L'adjudication doit être approuvée par le préfet.

Les adjudicataires doivent se conformer aux tarifs et aux

réglements établis par l'autorité compétente ; ils ont le choix de leurs employés.

En cas de retard dans les payements, les adjudicataires sont passibles de contrainte ; la contrainte est délivrée par le receveur municipal, visée par le maire et rendue exécutoire par le juge de paix.

En cas d'inexécution des clauses du cahier des charges, le maire peut, après avoir fait une sommation à l'adjudicataire, provoquer une réadjudication sur folle enchère.

4. — Lorsque les travaux de distribution d'eau ont fait l'objet d'une concession, la perception de la redevance se fait au compte et par le soin de concessionnaire.

Il peut arriver que la commune assure au concessionnaire un minimum de rendement, sous le nom de garantie d'intérêt, et se réserve une part dans les bénéfices. La ville peut également stipuler que le produit de la redevance sera versé directement à la caisse municipale, et qu'en échange elle fournira au concessionnaire une prestation fixe ou variable, sous forme d'annuité. Ces modalités ne changent pas le caractère du contrat qui reste une concession, bien que, dans ce dernier cas, le concessionnaire n'ait aucune taxe à recouvrer (C. d'Et. 8 février 1878. *Eaux de la ville de Bourges*).

Le produit des concessions d'eau est l'une des ressources ordinaires du budget communal (art. 133 § 10 de la loi municipale).

A Paris la perception est faite par la compagnie générale

des eaux, société anonyme au capital de 20 millions, régisseur intéressé de la ville.

4. — *De la Patente*

Le service de distribution de l'eau dans les villes est-il assujetti à la patente ?

L'article premier de la loi du 25 avril 1844 dispose « Tout individu français ou étranger qui exerce en France un commerce, une industrie, une profession, non compris dans les exceptions déterminées par la présente loi, est assujetti à la contribution des patentes. »

Cet article est applicable sans nul doute aux entrepreneurs, concessionnaires, régisseurs intéressés ou fermiers du service de la distribution d'eau, puisqu'il ne rentrent pas dans les catégories exceptées par l'article 13 et que l'exercice de leur profession se compose d'une série d'actes de commerce.

En est-il de même, lorsque la ville exploite elle-même son service d'eaux, c'est-à-dire lorsqu'il y a régie simple ?

L'administration des contributions directes a essayé de le soutenir. En 1876, elle imposa au rôle des patentes la ville de Poitiers par ce motif qu'elle exploite elle-même un établissement de distributions d'eau, qu'elle perçoit une redevance et par suite est assimilable à un entrepreneur.

La ville demanda décharge au Conseil de préfecture, qui se rangea à l'opinion de l'administration ; l'affaire fut portée au Conseil d'Etat ; il donna gain de cause à la ville.

Voici les arguments généraux qu'elle avait fait valoir à l'appui de sa demande (1).

La prétention de l'administration est nouvelle, et cependant le produit des concessions forme une ressource communale depuis la loi de 1837, et la législation des patentes est en vigueur depuis plus de trente ans.

Cette prétention est également dénuée de fondement; l'administration n'a pas invoqué les arrêts du Conseil d'Etat des 18 avril 1860, 8 avril 1869 et 9 décembre 1871 qui déclarent patentable l'exploitation par une ville d'un établissement de bains et de lavoirs publics où l'on perçoit des redevances; elle a compris qu'il n'y avait pas d'assimilation possible, et en effet l'entreprise de distribution d'eau est un service public communal, auquel la stipulation d'une redevance n'enlève pas son caractère.

Cette redevance « n'est que la représentation d'une jouissance plus facile bien que précaire du domaine public communal » elle permet d'éviter l'encombrement aux bornes fontaines et rend plus commode aux habitants l'usage de cette eau, qu'ils pouvaient prendre librement aux fontaines publiques.

La commune, en cela, ne fait pas plus acte de commerce que le propriétaire d'une source d'eau minérale ou que l'agriculteur qui vend les produits de sa propriété; que la

1. Nous empruntons cet exposé au mémoire rédigé au nom de la ville de Poitiers par M. Ducrocq, alors bâtonnier de l'Ordre des avocats de cette ville. Ce mémoire a contribué, dans une large mesure, à fixer la jurisprudence du Conseil d'Etat.

commune qui fait des concessions dans les cimetières, que les fabriques qui louent des chaises et des bancs dans les églises, que l'État lui-même, lorsque pour prix d'une concession sur le domaine public, il stipule une redevance, et cependant aucun de ces faits ne tombe sous le coup de la loi des patentes.

Les concessions d'eau sont précaires, révocables au gré de l'administration, qui a le contrôle nécessaire des robinets et conduites privés ; elles ne peuvent servir qu'aux usages domestiques ; ces contrats sont donc d'une espèce particulière, ils ne peuvent constituer un acte de commerce, puisqu'ils font naître entre le concédant et le concessionnaire des droits et des obligations tout à fait étrangers aux transactions commerciales ordinaires.

L'arrêt du Conseil d'État, rendu conformément à ces conclusions fut suivi d'un autre, identique pour la ville de Carpentras (C. d'Ét. 27 avril et 21 décembre 1877) ; la prétention de l'administration des contributions directes ne se renouvelèrent plus depuis (V. D. P. 1877, 3. 25).

5. — *Du contentieux des concessions*

I. — *Concessions antérieures à* 1789

Le contentieux des concessions consenties, soit pas le roi, soit par le prévôt des marchands, avait été soustrait à la juridiction du bureau de la ville, juge ordinaire des difficultés relatives aux eaux et aqueducs de Paris, par des dispositions formelles de plusieurs textes législatifs ; le roi l'avait réservé à son conseil. Voici les dispositions de l'édit du 26 mai 1635, qui prescrivait la révision de toutes les concessions par les soins du bureau :

« De ce fait nous donnons pouvoir, commission et commandement spécial, nonobstant oppositions et appellations quelconques, pour lesquelles et sans préjudice d'icelles, ne voulons être différé, dont si aucunes interviennent, nous en avons retenu et réservé la connaissance en notre dit conseil, l'interdisant à toutes cours et juges. »

L'arrêt du conseil du 26 novembre 1666, qui révoque sans exception toutes les concessions existantes, reproduit dans les mêmes termes, la prohibition des lettres patentes de 1635.

Ces régles de compétence doivent s'appliquer aujourd'hui encore aux anciennes concessions ; toutes les difficultés ayant pour objet l'interprétation et l'appréciation de ces actes, doivent être soumises au Conseil d'Etat, juridiction qui a succédé à l'ancien Conseil du roi ; c'est ce qui a été reconnu par plusieurs arrêts du Conseil d'Etat (23 octobre 1835, (*Delorme C. préfet de la Seine*); 5 janvier 1850 (*Delalain*) ; 18 janvier 1851 (*Clausse*); 1er décembre 1859 (*Camus*) ; 31 janvier 1861 (*Lerebours*).

La question avait cependant fait doute pour le ministre des Travaux publics ; lors de l'affaire *Camus*, il avait émis cette opinion que les eaux de Paris étant assimilées aux eaux du domaine public, et soumises aux règles de la grande voirie, il fallait voir dans la suppression d'une concession d'eau, un dommage analogue à celui qui se produit lorsqu'une usine, établie à titre onéreux ou vendue nationalement sur un cours d'eau du domaine public, vînt à être supprimée par l'administration.

Or, dans ce cas, c'est au Conseil de préfecture qu'il appartient d'examiner en premier ressort la question de l'indemnité qui devra être allouée. Il concluait à l'incompétence du Conseil d'État. — Le ministre de l'Intérieur émettait un avis opposé ; le Conseil de préfecture, disait-il, est incompétent pour apprécier la validité et l'étendue des concessions d'eau, accordées jadis, par délégation souveraine, aux particuliers par le bureau de la ville ; c'est au Conseil d'État qu'il appartient de statuer, comme il l'a déjà fait dans l'affaire *Delalain* et pour les mêmes motifs. — Le Conseil d'État affirma définitivement sa compétence, et sa jurisprudence n'a pas varié depuis.

Les anciens édits royaux et les ordonnances rendues par délégation de la puissance royale doivent être également appliquées, dans les contestations qui peuvent être soulevées, en tant qu'elles règlent les conditions générales des concessions et les obligations des concessionnaires.

Les usages et règlements locaux qui étaient observés dans les anciennes provinces ont aussi conservé force de loi. C'est ainsi que les anciennes concessions faites avant 1790 dans le Comtat Venaissin, restent réglées par le Droit romain, tant au point de vue de leur interprétation, qu'au point de vue de leur exécution. Il a été décidé notamment que les lois romaines permettaient de faire à des particuliers sur les eaux surabondantes de la ville, des concessions qui n'étaient révocables que si les besoins des habitants l'exigeaient ; qu'elles n'étaient pas révocables lorsque la municipalité tendait seulement à élever le taux de la redevance ; que la possession des concessionnaires n'était ni précaire, ni équivoque, malgré la condition de révocabilité en cas de nécessité publique (Cass. 15 mai 1872 (*Ville de Carpentras*), Cass. 15 mars 1881, *c*[e] *de Vaison*).

II. — *Concessions postérieures à* 1789

Le contentieux des concessions est réglé différemment, selon que le service de la distribution est fait par la ville elle-même, par un régisseur intéressé, un fermier ou un concessionnaire.

I. En cas de régie simple, les contrats de concessions sont passés par le maire ; ce sont des contrats commutatifs entre la commune et les particuliers, qui tiennent beaucoup de la nature du bail ; ils diffèrent essentiellement des actes de l'administratien publique, quoiqu'ils soient passés en la forme administrative, par un agent de l'administration, en vertu de règlements administratifs ; leur caractère de convention privée subsiste ; aussi est-il admis qu'ils son de la compétence judiciaire, comme la plupart des locations de biens communaux, pour tout ce qui concerne l'interprétation et les difficultés d'exécution qui pourraient s'élever entre la ville et le concessionnaire.

La ville en consentant une concession, dit la cour de Cassation, « n'agit pas comme pouvoir administratif proprement dit, exerçant une part de la puissance publique, mais bien comme disposant d'une partie de son domaine sous des conditions librement acceptées par le concessionnaire ; une telle convention est purement civile et l'interprétation du contrat qui le constate appartient exclusivement à la juridiction ordinaire », c'est-à-dire à l'autorité judiciaire (Cass. 4 juin 1866 *Flameng* ; 15 mai 1872 *v° de Carpentras*). La même compétence doit être observée par identité de motifs, quant aux débats sur l'exécution de contrat.

Une difficulté s'est présentée cependant au sujet des concessions d'eaux de la ville de Paris ; elle a surgi à propos d'une ordonnance en Conseil d'Etat du 23 février 1820 (Lecour c. Haupois). Le Conseil de préfecture de la Seine avait eu à statuer sur le point de savoir si le concessionnaire des eaux chaudes de la pompe à feu de Chaillot, avait droit à ce que le service gratuit lui fût fait par l'adjudicataire des eaux de la ville de Paris ; d'après les principes du droit commun, le procès entre le concessionnaire et l'adjudicataire aurait dû être renvoyé aux tribunaux, malgré le silence qui fut gardé par les parties sur l'incompétence de la juridiction administrative. Il n'en fut rien ; le conseil de préfecture vit son arrêté au fond confirmé par le Conseil d'Etat.

M. Serrigny paraît avoir voulu justifier ces décisions, en rappelant que les eaux de Paris appartiennent à la grande voirie, matière de la juridiction du Conseil de préfecture. Cette explication ne nous satisferait pas ; si le Conseil de préfecture a le devoir de constater et de réprimer les anticipations commises sur cette partie du domaine public qui appartient à la grande voirie, il ne peut, en aucune façon, se constituer juge du contentieux dans un procès civil, le débat portât-il sur la concession d'un bien communal soumis au régime de la grande voirie ; nous ne voyons pas ici une des difficultés de grande voirie dont parle l'article 4 § 5 de la loi du 28 pluviose an VIII.

Au reste, l'arrêt de 1820 n'a pas fait jurisprudence ; dans la pratique, les contestations entre l'adjudicataire des eaux et les particuliers sont portées, conformément aux principes, devant l'autorité judiciaire. Un décret en Conseil d'État du 30 janvier 1868 (*Pradier*) se prononce pour la compétence des tribunaux, avec des motifs qui ne laissent aucun doute sur ce point :

« Considérant que si les difficultés qui s'élèveraient entre la ville de Paris et la Compagnie des eaux sur le sens et l'exécution des clauses du marché passé entre la dite ville et la dite Compagnie, pourraient être portées devant le Conseil de préfecture, par application de l'article 4 § 1, de la loi du 28 pluviôse an VIII, ni cet article, ni aucune autre disposition législative n'autorisent le Conseil de préfecture à connaître des difficultés qui peuvent s'élever entre la Compagnie et les particuliers, quant aux conditions auxquelles celles-ci peuvent réclamer des concessions d'eau ; que c'est à l'autorité judiciaire qu'il appartient de connaître des litiges qui touchent aux rapports qui existent entre la compagnie et les particuliers, en ce qui concerne les obligations auxquelles ceux-ci peuvent être tenus pour ces concessions. »

Cette décision a d'autant plus d'intérêt que la Cour avait refusé de statuer sur le procès, par ce motif qu'il y avait lieu d'apprécier un acte administratif (le règlement des concessions) et que, dès lors, l'autorité judiciaire était incompétente. (Paris 5 déc. 1863).

II. — Dans le cas de régie intéressée, le contentieux entre les particuliers et l'adjudicataire doit être porté aux tribunaux ordinaires (C. d'Ét. 30 janv. 1868), tandis que les difficultés qui s'élèvent entre l'adjudicataire et la commune, vont toutes au Conseil de préfecture, tant pour l'interprétation des clauses du marché que pour les contestations sur leur exécution (Loi Pluv. an VIII, art. 4 § 2).

III. — S'il y a ferme, les règles sont les mêmes pour les difficultés entre les particuliers et le fermier : la compétence est judiciaire; mais il faut faire une dictinction, dans le cas de procès entre la ville et le fermier, entre le contentieux d'interprétation, qui est porté au Conseil de préfecture, et toutes les autres constatations qui vont aux tribunaux. Cette distinction a été empruntée par la jurisprudence à la matière des octrois (décret du 17 mai 1809, art. 136), sous prétexte d'analogie entre l'octroi et la perception des revenus du domaine public (Confl. 28 mars 1874, *Jamet* ; 4 août 1877, *C. de Langeac*). Elle est fort critiquable ; il n'y a pas d'identité : l'octroi est un impôt, ici nous n'avons que le prix d'une location.

IV. — En cas de concession, les règles de compétence sont les mêmes que pour la régie intéressée.

CHAPITRE III

DE LA PROTECTION DES FONTAINES, AQUEDUCS, etc.

L'article 257 du Code pénal est une protection générale pour tous les monuments publics : « Quiconque aura détruit, abattu, mutilé ou dégradé des monuments, statues et autres objets destinés à l'utilité et à la décoration publique et élevés par l'autorité publique ou avec son autorisation, sera puni d'un emprisonnement d'un mois à deux ans, et d'une amende de cent à cinq cents francs. »

Aucun texte général ne protège les sources, sauf celles d'eaux minérales déclarées d'utilité publique (Décret du 10 mars 1848, loi du 16 juillet 1856).

Les aqueducs ont été souvent l'objet d'anciens règlement, imposant aux riverains une servitude non *œdificandi* ; ces règlements sont encore en vigueur, en vertu de la loi des 19-22 juillet 1791.

Un arrêt du parlement de Rouen avait défendu de bâtir

sur les aqueducs (1602) ; une sentence de l'hôtel de ville de Rouen défendit aussi de planter à une distance assez rapprochée pour que les racines puissent endommager les canaux en maçonnerie (20 janv. 1733).

Une ordonnance de l'Intendant du Languedoc du 16 mars 1764, défend aux propriétaires voisins de l'aqueduc de Montpellier d'ensemencer leurs fonds et de planter des arbres à moins de dix toises des francs bords, si ce sont des mûriers, figuiers ou ormaux, de cinq toises, si ce sont des oliviers, chênes verts ou autres, de trois pieds, si ce sont des vignes.

Mais c'est surtout à Paris qu'il existait de ces réglements destinés à la protection des aqueducs. Ils émanaient tant du roi que du bureau de la ville, qui avait aussi, par délégation souveraine, le pouvoir réglementaire.

Citons rapidement quelques-uns d'entre eux. D'abord les règlements royaux rendus pour la protection des eaux du roi d'Arcueil et de Rungis.

9 mars 1633. Arrêt du Conseil défendant de faire des fouilles et des extractions de matériaux dans un rayon de 15 toises des conduits des fontaines.

30 nov. 1653. Arrêt défendant de rompre les voûtes des aqueducs et d'en salir les eaux.

22 juillet 1669. Arrêt défendant de prendre ou gâter les eaux, dégrader les aqueducs, de construire des acqueducs ou conduits, planter des arbres à moins de 15 toises des aqueducs.

4 juillet 1777. Arrêt défendant d'établir aucune fouille

clôtures, édifices ou plantations à moins de 15 toises de la clef de voûte de l'aqueduc de Rungis.

Puis les réglements concernant les eaux de la ville amenées par les aqueducs de Belleville et du Pré-Saint-Gervais.

28 mai 1636 ; 6 et 21 novembre 1645. Ordonnances du prévôt des marchands prescrivant le comblement des tranchées destinées à dériver les eaux des aqueducs dans les propriétés particulières, sous peine d'amende et de prison.

29 novembre 1666 ; 14 mai et 23 juillet 1670. Ordonnances défendant de pratiquer une tranchée le long des conduits et prescrivant de combler celles qui existent.

8 octobre 1670, 13 mars, 22 mai et 7 août 1671. Renouvellement des interdictions précédentes ; défense de planter à moins de 10 toises des conduites.

16 septembre, 24 novembre 1678. Ordonnances prescrivant la démolition des murs construits à proximité des pierrées des fontaines publiques, etc. etc.

Les contraventions étaient jugées par le bureau de la ville qui joignait à son pouvoir réglementaire et administratif, celui de juridiction et de répression.

Un décret du 4 juillet 1813, spécial au département de la Seine renouvela les anciens édits, en défendant de pousser les fouilles à une distance inférieure à 10 mètres des acquéreurs.

Sous la nouvelle législation, c'est le conseil de préfecture qui connaît des infractions aux anciens réglements touchant les eaux de Paris, placées sous le régime de la grande voirie (lois 28 pluviôse an VIII, et 29 floréal an X). Il a eu souvent l'occasion de décider que les constructions et plantations élevées sur les aqueducs forment une contravention permanente de grande voirie non susceptible de prescription et dont la répression peut toujours être poursuivie, quel que soit le laps de temps écoulé (V. C. d'Et. 1er juin 1849 *Pommier*; 18 janvier 1851 (*Clausse*); 28 décembre 1854 (*Dunkel*).

POSITIONS

DROIT ROMAIN

I. — Les concessions d'eau sur les châteaux publics sont révocables.

II. — Les riverains n'ont qu'à certaines conditions, un droit d'irrigation sur les rivières du domaine public.

III. — Les créances sont incessibles.

IV. — Le pacte de constitut n'opère pas une véritable novation.

V. — L'action *de dolo* est subsidiaire.

VI. — Dans les actions arbitraires, le *jussus judicis* est susceptible d'exécution forcée dans le dernier état du système formulaire.

DROIT CIVIL

I. — Les travaux apparents de l'article 642 doivent avoir été exécutés sur le fonds où naît la source.

II. — Les droits de l'article 644 ne se perdent pas par le non-usage.

III. — Le droit du propriétaire de faire des fouilles dans son héritage est absolu, alors même que ces fouilles auraient pour effet de nuire aux sources voisines.

IV. — Les petites rivières sont *res nullius*.

V. — L'héritier a intérêt à accepter sous bénéfice d'inventaire, alors même que les créanciers du défunt ont demandé la séparation des patrimoines. La réciproque est également vraie.

VI. — La séparation des patrimoines ne confère pas aux créanciers un véritable privilège.

VII. — Le remploi effectué dans les conditions de l'article 1435, constitue une gestion d'affaires.

VIII. — Les héritiers du donateur ne peuvent opposer le défaut de transcription.

DROIT ADMINISTRATIF

I. — Une commune ne peut exproprier une source située en dehors de son territoire.

II. — Les concessions faites depuis 1566, sur les rivières navigables, sont révocables sans indemnité.

III. — Les concessions d'eau municipales sont essentiellement révocables.

IV. — Une ville qui exploite elle-même une entreprise de distribution d'eau n'est pas patentable.

DROIT CRIMINEL

I. — L'article 55 du Code pénal établit entre codélinquants une véritable solidarité.

II. — L'homicide commis dans un duel régulier ne constitue ni un assassinat, ni un meurtre.

DROIT COUTUMIER

I. — La règle relative à l'effet déclaratif du partage est d'origine féodale.

II. — On ne peut être à la fois héritier et légataire.

Vu par le Président de la thèse,
TH. DUCROCQ.

Vu par le Doyen,
CH. BEUDANT.

Vu et permis d'imprimer,
Le Vice-Recteur de l'Académie de Paris,
GRÉARD.

TABLE DES MATIÈRES

DROIT ROMAIN

AVANT-PROPOS

DROIT FRANÇAIS

INTRODUCTION

PREMIÈRE PARTIE

DEUXIÈME PARTIE

Imprimerie A. DERENNE, Mayenne.— Paris, boulevard Saint-Michel, 52.
C. LEBAS, successeur.

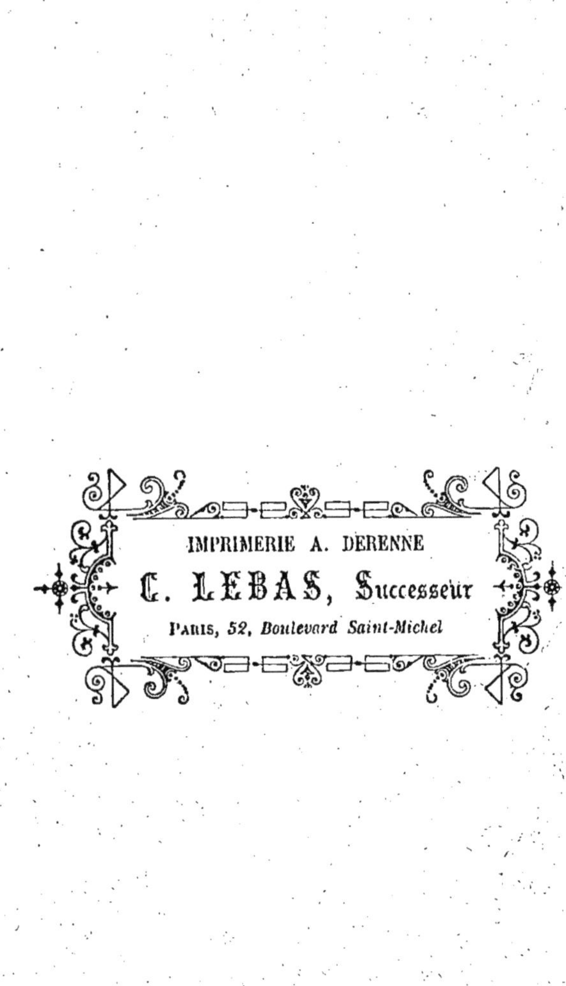
IMPRIMERIE A. DERENNE
C. LEBAS, Successeur
PARIS, 52, Boulevard Saint-Michel

www.ingramcontent.com/pod-product-compliance
Ingram Content Group UK Ltd.
Pitfield, Milton Keynes, MK11 3LW, UK
UKHW020952230726
13923UKWH00007B/282

9 782014 457483